RESSEMELAGE TRADITIONNEL
12 RUE MORET, 75011 PARIS
40 RUE SAIN
35 RUE SAINT-LOUIS EN L'ILE 75004 PARIS
164 AVENUE DE SUFFREN, 75015 PA
LOUIS
FROMAGE VIN EPICERIE
CHEESE
PACK
-LOUIS EN L'ILE, 75004 PARIS
CONFISERIE
DE LA
GALETTE
DE LA
GALETTE
48 RUE CAULAINCOURT 75018 PARIS
312 RUE SAINT-HONORÉ, 75001, PARIS
Boulangerie Patisserie
16 RUE DES ROSIERS, 75004 PARIS
U PETIT FER A CHEVAL
CAFÉ LAIT
-DU-TEMPLE, 75004 PARIS
FABRIQUE DE CHAPEAUX
POUR DAMES ET FILLETTES
PAILLE FEUTRE
RUE VIEILLE DU TEMPLE 75003 PARIS
SACHA FINKELSZTAJN
DE PERE EN FILS DEPUIS 1946
27 RUE DES ROSIERS, 75004 PARIS
Coiffeur Barbier
0 RUE SAINT CLAUDE 75003 PARIS
RESTAURANT JAPONAIS
どさん子
DOSANKO LARMEN
40 RUE SAINTE-ANNE, 75002 PARIS
llerie St Michel
Depuis 1896
BOISSONNERIE

FABRIQUE DE CHAPEAUX
POUR DAMES ET PILLETTES
DAILLE FEUTRE
83
83 RUE VIEILLE DU TEMPLE . 75003 PARIS .
16 RUE DES ROSIERS . 75004 PARIS
CAFE LAIT
Coiffeur Barlier
RUE SAINT CLAUDE 75003 PARIS
INTERNATIONAL RECORDS
VINYL & CD
PARIS

파리 골목마다 백년 가게

파리 골목마다 백년 가게

쑨이멍 지음 | 박지민 옮김

빅허그

특별한 파리에서 더 특별한 파리의 백년 가게들을 탐색하고 그려낸 시간

2016년 겨울, 파리고등응용예술대학 학생이었던 나는 일러스트레이션 과제로 파리의 아름다운 가게들을 그림으로 그려 작은 책자로 엮어 냈다. 이듬해 여름에 〈아시아 나우*Asia Now*〉 아트 페어에 그 그림들을 전시하면서 파리의 오래된 가게들을 좋아하는 네티즌들에게 이름을 알리게 되었다. 그 덕분에 여러 매체로부터 인터뷰 요청을 받았으며, 그 중 한 매체에 실린 기사 제목은 이러했다.

"여기 한 소녀가 파리의 아름다움을 그렸다."

그저 학교 과제로 파리의 가게들을 그렸을 뿐인데 돌이켜보니 그것이 모든 것의 시작이었던 것 같다. 꽁꽁 숨어 있기라도 한 듯이 파리의 골목골목에 100년 넘게 터를 잡고 있는 오래된 가게들을 본격적으로 찾아 나섰으며 예쁜 가게들을 그리는 것에 그치지 않고 가게의 역사를 비롯하여 뒷이야기에도 관심을 갖게 되었다.

190년 된 잡화점, 260년 된 디저트 가게, 135년 된 센강 가의 화방에 발을 들여 놓는다. 이름만 대면 누구나 알 만한 화가가 100년 전에, 지금 내가 서 있는 이 자리에서 물감이나 붓을 고르고 있었을 거라고 상상하면 짜릿하지 않을 수 없다.

파리는 누구나 인정하는 세계적인 패션과 예술의 도시로 어디든 전통과 창의성이 넘쳐난다. 박물관과 미술관마다 역사적인 소장품과 유명한 예술 작품들이 그득하고, 휘황찬란한 건축물들은 여행객을 압도한다. 그런데 위대하고 유명한 것들이 식상하게 느껴진다면, 골목에 숨은 듯이 자리하고 있는 오래된 가게(노포)들을 찾아 파리지엔의 삶을 만날 수 있다. 클릭 몇 번이면 뭐든 구할 수 있는 세상에 살고 있기에 이런 작은 가게들은 신문명의 파도에 휩쓸려 사라질 것 같지만, 파리에는 100년이 넘은 가게들이 요란하지 않게 조용하면서도 굳건하게 파리 사람들의 삶을 반영하며 성업 중이다.

파리의 백년 가게에 들어설 때면 나는 주제 박물관에 와 있는 느낌을 받는다. 장인의 정신과 솜씨가 담긴 독창적인 물건들을 차분하게 감상하고 있노라면 시간은 더디 흐르고 마음은 차분해진다. 물건들마다 전통과 품질에 대한 집착에 가까운 장인의 애착과 열정이 담겨 있다.

과제로 만든 작은 책이, 50곳의 백년 가게를 담은 책으로 정식 출판될 거라고 상상도 못 했지만, 지금 내게 파리를 그리는 일은 아름다운 것들을 기록하고 전달하는 즐거움을 넘어서 훨씬 더 크고 의미있는 일로 바뀌었다. 《파리 골목마다 백년 가게》는 내가 성장했음을 보여주는 결실이다.

나는 상상한다, 당신이 이 책을 들고 파리의 거리를 누비며 백년 가게들을 찾아다니는 모습을. 유명한 관광 스포트도 좋지만 백년 가게에서 소소한 파리의 낭만과 파리지엔의 진면목을 만나게 될 것이다. 그렇게 된다면 그림을 그리는 사람으로서 문화를 보존하고 계승하는 데 작으나마 힘을 보탠 것이라 뿌듯하겠다.

2023년 6월, 쑨이멍

C·O·N·T·E·N·T·S

아름다운 맛을 파는 가게

특별한 기념품이 필요하면 이 가게

● 본 책에 실린 각 상점의 주소와 내용은 원서를 기반하여 한글판 초판 출간 시점에 확인한 것으로 이후 상점별 상황에 따라 변동이 있을 수 있고, QR코드는 구글지도와 네이버 바코드 서비스 변경시 연결 되지 않을 수 있습니다.

문화가 가득한 가게

파리 시민의 일상이 있는 가게

ANGELINA
PARIS
ANGELINA
Paris depuis 1903

아름다운 맛을 파는 가게

프랑스 사람들의 음식에 대한 열정은 오랜 세월 뜨겁게 이어져 왔으며 세계 어느 나라와 견주어도 뒤지지 않는다. 그 결과로 프랑스 음식이 세계적 유명세를 얻었다고 말하기 충분하다. 파리의 백년 가게를 소개하는 데 있어 맛을 파는 상점이 첫 순서를 차지하는 것은 어쩌면 당연하다.

사람들은 프랑스의 맛, 미식 하면 무엇을 떠올릴까? 섬세하면서 예쁜 모양과 달콤한 맛을 가진 다양한 디저트가 아닐까? 파리의 맛이라 할 수 있는 화려한 마카롱, 진한 향의 초콜릿, 각양각색의 사탕에 매료 되지 않을 수 없다. 이밖에도 온갖 종류의 벌꿀, 천 종이 넘는 치즈를 만날 수 있다. 파리를 방문한다면 맛을 파는 오래된 가게들을 찾아 색다른 맛과 음식 문화를 경험하면서 미각의 향연을 누려보길 강력 추천한다.

6 Pl. de la Madeleine, 75008

#01 마이유, 나만의 맞춤 머스터드

파리 번화가인 마들렌 광장*La Place de la Madeleine*에 있는 머스터드 전문점이다. 무심코 지나친다면 우아하고 고급스러운 쇼윈도만 보고서 고가의 명품숍으로 오해하기 십상이다. 1747년에 문을 열었으니 노포 중에 노포다. 마이유는 상점 이름이자 프랑스에서 가장 인기 있는 머스터드 브랜드다. 프랑스 어디서든 식탁 위에 머스터드 병이 놓여 있다면 열에 아홉은 마이유 제품일 것이다. 식초와 피클도 만드는데 역시나 인기가 매우 높다.

창업 이래 300년 가까이 고품질을 유지하고 있으며 개인 취향에 따라 맞춤 주문도 가능하다. 머스터드들을 맛본 후에 원하는 맛을 선택하면 즉석에서 예쁜 도자기 병에 담아 코르크 마개로 밀봉해 준다. 이렇게 완성된 나만의 머스터드는 고급스러울 뿐 아니라 먹지 않고 감상만 하고 싶을 정도로 만족도 높은 완소템이다.

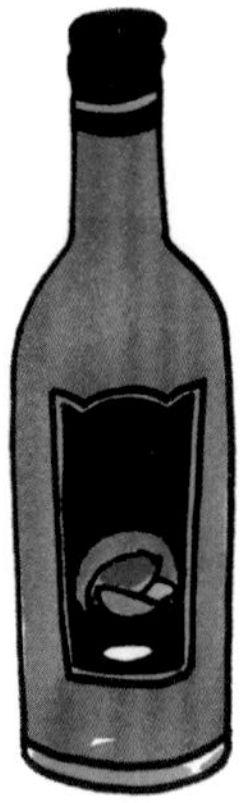

작은 오이 피클 코니숑*Cornichon* 은 아삭한 식감이 일품이다. 강한 단맛을 내는 미니 양파, 샬롯이 들어간 것도 있다.

식초는 마이유의 첫 번째 히트 상품이다. 비네그레트*Vinaigrette* 소스 종류가 많은데 샐러드 드레싱으로 좋다.

전통 머스터드가 베스트셀러

개인적으로는 와인보다 머스터드가 더 프랑스의 맛을 담고 있는 것 같다.

창업자, 앙투안 클로드 마이유

마이유는 창업 당시에도 루이 15세 왕실에 제품을 공급할 정도로 유명했다.

16 Rue Royale, 75008

#02 라뒤레, 파리 마카롱의 성지

1862년 루이 에르네스트 라뒤레가 파리의 부촌 거리 루아얄가*Rue Royale*에 문을 연 빵집 라뒤레는 개점과 함께 파리지엔이 사랑하는 명소가 되었다. 하지만 화재로 소실됐다가 가게를 더욱 화려하게 꾸며 보자는 하우스만 남작의 제안으로 라뒤레는 빵집이 아닌 호화로운 디저트 가게로 부활했다.

1900년 파리 박람회 때, 라뒤레의 며느리 잔 수샤르는 차와 디저트를 함께 파는 살롱 뒤 테*Salon du thé*를 열었고 곧 파리 사교 모임의 중심이 됐다.

1930년에는 라뒤레의 사촌 동생이자 파티시에*Patissier* 피에르 데퐁텐이 아몬드 머랭으로 만든 두 개의 꼬끄 사이에 맛있는 크림을 바른 사랑스런 디저트를 만들었다. 오늘날 세상 사람들 누구나 다 알 만한 마카롱은 이렇게 탄생했다.

살롱 뒤 테 : 17~18세기 프랑스 귀족, 예술가들이 모이는 사교의 장으로,
차와 디저트를 즐겼던 장소를 말한다. 오늘날 카페와 같다고 보면 되겠다.

1993년부터 데이비드 홀더가
대표를 맡고 있다.

마카롱은 프랑스를 대표하는 디저트가 되었고, 라뒤레는 여러 나라에 지점을 둔 국제적 브랜드가 되었다.

라뒤레는 창의와 혁신을 추구한다. 파리의 유명 패션 디자이너들처럼 이곳 파티시에들은 매년 두 차례 신제품을 내놓는다. 로즈 비지탕딘, 이스파한 생토노레, 감초 밀푀유, 블랙커런트 바이올렛 마카롱 등이 살아 남아 빛을 본 디저트들이다.

37 Rue de Verneuil, 75007

#03 앙드루에, 치즈를 향한 열정

"프랑스 치즈는 종류가 1,000종이 넘는다고!"

프랑스 사람들은 치즈에 대한 자부심이 대단하다. 치즈 애호가라면 100년 전부터 파리 전역에 이름을 드날린 인물, 앙리 앙드루에가 귀에 익숙할 법하다. 그는 최고의 치즈를 찾아 프랑스 곳곳을 누비며 치즈 운송 방식과 보존 방법을 연구하고, 프랑스의 치즈 문화를 해외에 널리 알리는 데 힘썼다. 법을 어기고 치즈 생산비와 가격을 인상시켰다는 이유로 감옥에 가기도 했으나, 후에 치즈와 고급 와인을 함께 선보이는 레스토랑 사업으로 성공가도를 달렸다.

세계적인 영화배우 장가방, 가수 마리아 칼라스, 소설가 헤밍웨이가 이곳의 단골이었다. 현재, 앙드루에는 다른 기업에 인수되어 가족 경영의 맥은 끊겼으나 치즈에 대한 열정은 변함이 없다.

프랑스 치즈는 다양한 종류와 섬세한 맛이 압권이다. 진정한 치즈 애호가이자 미식가라면 독특한 풍미, 질감, 식감을 느끼기 위해서 끼니마다 치즈를 찾지 않을 수 없을 것이다.

108 Rue du Bac, 75007

#04 앙젤리나, 코코 샤넬이 사랑한 카페

앙젤리나는 파리 외에 미국 뉴욕에도 지점을 둔 카페로 그 역사는 120년 전으로 거슬러 올라간다. 오스트리아 사업가 안톤 훔펠마이어는 프랑스 남부 여러 곳에 그의 성을 딴 가게를 열면서 이름을 알렸다. 1903년에 그는 아들 르네와 함께 파리에 살롱 뒤 테를 열었다. 카페 이름은 며느리의 이름인 앙젤리나. 개업하자마자 파리 귀족들, 작가, 패션 디자이너 들의 아지트가 되었다. 작가 마스셀 프루스트, 패션 디자이너 코코 샤넬은 몽블랑과 프랑스식 핫 초콜릿 쇼콜라쇼를 즐겨 먹었다. 카페는 소피 마르소 주연의 영화《라붐 2》에도 나온다.

이제 파리에서도 앙젤리나처럼 역사가 느껴지면서도 화려한 살롱 뒤 테를 찾기는 쉽지 않다. 내가 찾은 곳은 바크 거리 108번지 분점이다. 톡톡 튀는 가게 외양과 인테리어는 파리지엔의 개성과 감각을 뽐낸다. 맛있는 음식을 즐기면서 작은 기념품과 소박한 행복, 추억을 얻어 갈 수 있는 카페다.

ANGELINA PARIS
ANGELINA
시그니처 디저트 몽블랑.
머랭과 생크림, 밤 조림과
밤 잼이 어우러진 케이크를
입에 넣는 순간 사르르 녹는다.
너무 달면 차와 함께 하시라!
ANGELINA
몽블랑 말고 다양한 디자인의
케이크도 추천한다.
선물로는 마카롱이나 초콜릿이 좋고
패키지 디자인이 예쁜 차나
초콜릿 스프레드도 굿 초이스!
ANGELINA
PARIS
ANGELINA

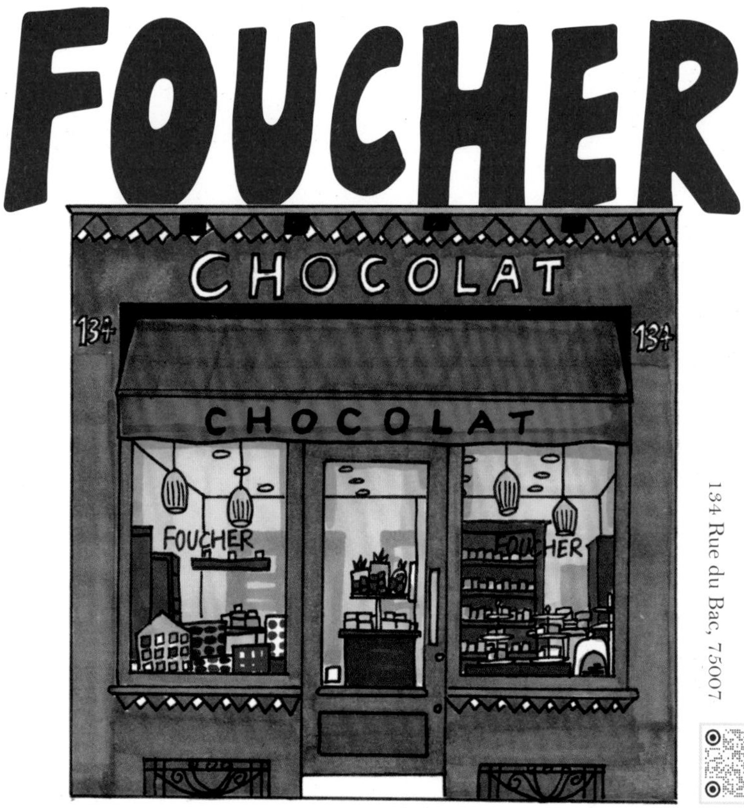

134 Rue du Bac, 75007

#05 **푸쉐, 예술이 된 초콜릿**

작가이자 역사학자인 자크 뱅빌은 소설《자코와 로리》에서 파리 바크 거리 126번지를 이렇게 묘사했다.

"이 거리에는 아주 오래된 귀족의 저택, 수도원, 아파트, 피트니스 클럽과 앤티크 상점과 서점이 있다. 한 초콜릿 가게에서 퍼져 나오는 짙은 초콜릿 향이 거리에 번지고 있다."

짙은 초콜릿 향을 품은 가게는 1819년에 문을 연, 200살도 더 된 노포, 푸쉐다. 맛과 향도 일품이지만 포장 상자 그림이 특별하다. 1905년, 안주인 카롤린은 포장의 중요성을 깨닫고 유명 화가들을 찾아가 그림을 의뢰했다. 아르누보 운동의 대표 주자인 외젠 벨빌*Eugène Belville*도 포장지 그림을 그렸다. 그 후 푸쉐는 상업 브랜드와 일러스트레이션의 결합이라는 신선한 역사를 열면서 인기를 모았다. 내가 찾은 곳은 바크 거리 134번지에 있는 분점이다.

지금도 가족이 대를 이어 경영하고 있다.
초콜릿 한 조각을 입에 넣는 순간 200년이 넘는
가게 역사가 혀끝을 스치고 지나가는 듯하다.

BOUCHERIE D.CHAINAY

43 Rue du Château d'Eau, 75010

#06 부쉐리 D. 쉐네, 100년 전통을 고집하는 푸줏간

도제식으로 이어져 온 이 정육점의 역사는 1912년으로 거슬러 올라간다. 개점 이래 대리석으로 된 가게 인테리어는 한 번도 바뀌지 않았다. 정육점을 왜 대리석으로 꾸몄을까? 가게 주인 드니 쉐네는 이렇게 말한다.

"대리석이 아름답기도 하지만 그것보다는 더운 여름에도 가게 안을 서늘하게 해 줘요. 고기를 신선하게 보존하는 전통 방식이죠. 물론 겨울에 더 추운 건 감수해야 합니다."

소시지들이 갈고리에 걸려 있고, 다양한 모양과 색깔의 철제 표찰에 품질을 표시해 놓은 것도 오랫동안 변함이 없다. 드니는 이웃들이 저녁 식사에 쓸 가장 적합한 고기를 골라 주는 걸 하루도 게을리하지 않는다. 그 세월이 어느덧 40년이 흘렀다고 한다.

1ER PRIX
BRESSE
드니는 18살부터 이 정육점에서 일했고,
전 주인에게서 가게를 물려받았다.
가게가 책에 소개될 거라고 했더니 농담조로 물었다.
"독자들이 나 같은 늙은이를 좋아하려나?"
PARIS 2005

31 Rue Saint Louis en l'île, 75004

#07 베르티옹, 세계에서 가장 맛있는 아이스크림

생루이섬에 있는, 파리에서 가장 오래된 아이스크림 가게다. 세계에서 가장 맛있는 10대 아이스크림에 뽑히기도 했다. 노트르담 성당이 있는 시테섬에서 다리 하나를 건너면 생루이섬인데, 섬 한가운데 고풍스런 체리색 나무 외장에, 문 위에는 금빛으로 가게 이름이 딱 박혀 있어서 가게를 못 찾기도 어렵다.

아이스크림 종류는 90가지가 넘지만 그중 수십 종류를 매일 번갈아 가면서 판다. 직접 운영하는 농장에서 재료를 조달하고 첨가제는 일체 넣지 않는다. 가게 규모는 작지만, 위탁 판매점은 파리에만 100곳이 넘는다. 판매점 입구마다 걸린 베르티옹 로고 팻말 자체가 품질 보증의 상징이다.

창업자 레이몽 베르티옹은 원래는 제빵사였다. 결혼하면서 장인 · 장모가 운영하던 카페 르 부르고뉴*Le Bourgogne*에서 일하게 되었다. 창고에 처박혀 있던 오래된 아이스크림 기계를 가동하면서 카페는 아이스크림 가게로 바뀌었고 점차 명성이 높아지면서 오늘에 이르게 되었다고 한다.

베르티옹의
대표 메뉴는
크림을 얹은
라즈베리
아이스크림.

베르티옹의
아이스크림 종류는
매우 다양하다. 매일
신선도에 따라 재료와
메뉴가 바뀐다.

레이몽 베르티옹

35 Rue du Faubourg Montmartre, 75009

#08 아 라 메르 드 파미유, 피로를 달래 주는 초콜릿

춥고 스산한 파리의 겨울 저녁 퇴근하는 발걸음을 멈춰 세우는 초콜릿 가게다. 오렌지색 조명이 초콜릿에 대한 욕구를 더욱 부추긴다. 문틈을 비집고 나온 달콤한 향은 피곤에 지친 이들을 위로한다. 1761년에 문을 연 이래, 지금까지도 그 이름 그대로 영업하고 있다.

창업주가 세상을 떠나자 그의 아내 마리 아델라이드 브리도는 아이 넷을 키우기 위해 가게를 물려받았다. 당시에 여성이 가게를 운영한다는 것은 매우 힘겨운 일이었다. 그녀의 용기 덕에 금색 글자가 새겨진 짙은 초록빛 외관의 작은 가게는 200년 넘게 달콤한 향기로 사람들에게 위안을 주었고, 프랑스에서 가장 오래된 초콜릿 가게 중 하나가 되었다.

현재 가족 네 명이 파미유를 운영하고 있다. 그중 한 명인 스티브는 2000년부터 예술 지도 파트와 브랜드 마케팅을 맡고 있다.

16 Rue Elzevir, 75003

#09 메에르, 국가 유적이 된 디저트 가게

피카소 미술관 근처에 있는 디저트 가게다. 고풍스러운 검은 유리문에 금색 글씨로 가게 이름이 새겨져 있다. 이 가게의 역사는 프랑스 북부 도시 릴*Lille*에서 시작되었다. 릴에서 가장 오래된 디저트 가게로 300년 넘는 역사를 자랑하는 메에르 앞에는 지금도 어김없이 사람들이 길게 줄을 선다.

1761년 델꾸르는 릴의 에스케르모아즈*Esquermoise* 27번지에 초콜릿 가게를 열었다. 이곳은 1661년부터 사탕 가게였다. 1849년에 이 가게를 인수한 벨기에 사람인 미셸 폴리 지슬뉘 메에르는 사탕수수, 코코아, 바닐라 농장, 제과점 등에서 경력을 쌓았다. 다양한 경험을 살려 케이크, 초콜릿을 개발해 선보였다. 1980년 이 가게는 프랑스 국가 역사 유적으로 지정되었다.

마다가스카르 바닐라 와플

메에르의 시그니처 디저트.
드골 대통령과 작가 마르그리트
유르스나르 등 파리의 유명인들이
이곳의 와플을 즐겨 찾았다.

케이크 외에도
초콜릿, 사탕, 잼, 차 등
다양한 상품을 파는데
예쁜 포장이 인기에
한몫했다.

LA MAISON DU MIEL

24 Rue Vignon, 75009

#10 라 메종 뒤 미엘, 벌꿀의 집

가게 이름을 번역하면 '벌꿀의 집'이다. 1898년 샤를 갈랑이 가게 문을 열었다. 프랑스 양봉업협회장이었던 그는 파리 시민들이 다양한 벌꿀을 맛볼 수 있도록 프랑스 각 지역의 꿀을 소개하기 위해 가게를 창업했다. 1905년 비뇽 거리로 옮겨와 문을 연 이 작은 가게는 현재 파리에서 가장 오래 된 가게 중 하나로, 파리 역사 유적으로 지정되었다.

수십 종의 꿀들은 농도에 따라 진열되어 있는데 색이 진할수록 맛도 진하다. 프랑스 본토의 꿀 외에도 스페인의 오렌지꽃 꿀, 캐나다 블루베리 꿀, 멕시코 아보카도 꿀, 마다가스카르의 리치 꿀 등 세계 각지의 유명한 꿀도 취급한다.

꿀로 만든
여러 제품도 판다.
맥주와 식초에서
꿀맛이 나다니!
그야말로 벌꿀의
천국 같은 곳.
벌꿀 비누
MIEL D'ACACIA
CIRE D'ABEILLE
벌꿀 초
벌꿀 맥주
VINAIGRE de miel
VINAIGRE de miel
벌꿀 식초
miel
DE MENTHE
벌꿀 딸기잼
페퍼민트 꿀
벌꿀로 만든 디저트들

51 Rue Montorgueil, *75002*

#11 스토레, 공주들의 디저트

프랑스 왕정 시대에는 왕가의 결혼이 있을 때면 프랑스 전역에 새로운 디저트 열풍이 불었다. 프랑스 왕실과 결혼한 이국의 공주들이 최고의 파티시에를 데리고 왔기 때문이다. 프랑스에 디저트 문화가 발전한 데는 이러한 왕가의 결혼 문화가 한몫했을 듯 싶다.

1730년 문을 연 스토레의 고전풍 인테리어는 베르사유 궁전 '거울의 방' 미니어처라 할 정도다. 가게에 발을 들여 놓는 순간 18세기로 온 듯하다. 창업자 니콜라스 스토레는 폴란드 왕실의 파티시에였는데 프랑스 왕가와 결혼한 마리 레친스카*Marie Leszczynska* 공주와 함께 프랑스로 왔다. 그의 디저트는 프랑스식 세련미에 동유럽식 순박함을 더했다. 특히 그가 개발한 럼바바*Rum baba*는 럼주에 절인 브리오슈에 크림을 더한 디저트로 지금까지도 프랑스와 이탈리아에서 큰 사랑을 받고 있다.

니콜라스 스토레

현재 스토레의 대표 파티시에 제프리 카뉴가 쓴 책이다. 스토레의 역사와 각종 디저트의 레시피를 담고 있다.

레몬 타르트 중 하나. 이건 유자 맛이 난다.

프랑스 전통 디저트인 생토노레. 밝은 갈색의 슈와 바닐라 크림이 어우러져 있다. 예쁜 만큼 맛있다.

작은 슈로 쌓은 탑은 웨딩에 주로 쓰인다. 스토레만의 개성이 담겨 있다.

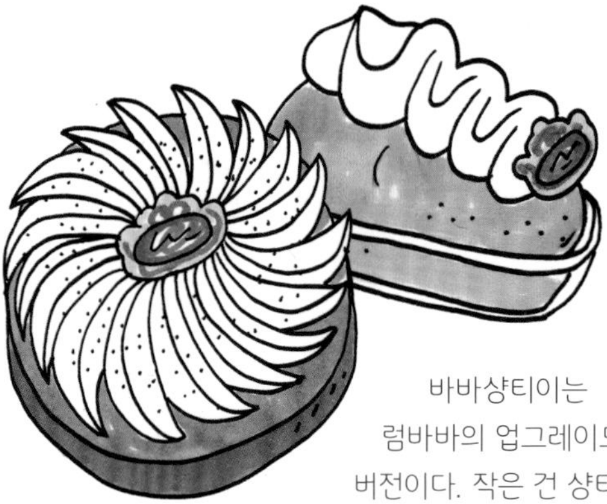

바바샹티이는 럼바바의 업그레이드 버전이다. 작은 건 샹티이 크림을 물결 무늬로 올렸고, 큰 것은 크림 장식이 활짝 핀 하얀 해바라기 같다.

30 Rue d'Auteuil, 75016

#12 세르방, 전 세계의 맛을 초콜릿에 입히다

1913년에 문을 열었으니 초콜릿에 대한 세르방의 열정도 100년이 훌쩍 넘었다. 세르방의 초콜릿 맛은 끊임없이 변화해 왔다. 라임 한 조각, 핑크 후추 한 알, 신선한 페퍼민트 잎 한 장이 씁쓸한 맛의 초콜릿과 만나 놀라운 맛의 변주를 일으킨다.

세르방의 쇼콜라티에*Chocolatier*들은 전 세계로부터 영감을 얻는다고 할 수 있다. 망디앙*Mendiant* 초콜릿만 해도 끓여서 굳힌 초콜릿에 이란의 피스타치오, 스페인의 아몬드, 이탈리아의 헤이즐넛, 남아프리카의 건포도 등 전 세계 각지에서 엄선된 재료를 사용해 장식한다. 세르방은 향신료, 견과류와 초콜릿을 조합해 다양한 식감과 완벽하고 개성 있는 맛을 창조한다. 대를 이어 내려온 세르방만의 노하우라 하겠다.

COFFEE
NUTMIX
PASTA
COFFEE
초콜릿, 사탕, 차, 커피콩과
커피잔이 진열대를 가득 채우고 있다.
내 그림을 본 주인이 초콜릿 한 상자를 건네며
감사와 응원을 전했다.
인생은 초콜릿 상자 같은 것이 아닐까?

A LA VILLE DE RODEZ

22 Rue Vieille du Temple, 75004

#13 아 라 빌 드 로데, 동네 입맛을 책임져 온 식품점

마레 지구에 있는 작은 가게 로데는 1920년 문을 연 이래 파리에 살고 있는 아베롱*Aveyron* 출신 주민들에게 고향의 맛을 제공하고 있다. 이곳에서 파는 아베롱 음식들의 이름은 매우 낯선데, 실은 우리가 다 아는 햄, 구운 고기 빵, 케이크 들의 아베롱 지역 사투리이다.

100년이 넘는 시간이 흐르면서 이 작은 가게는 사람들의 입에서 입으로 전해져, 아베롱 출신의 사람들뿐 아니라 많은 파리 시민들도 이 가게를 아주 사랑했다. 아쉽게도 2023년 문을 닫았다.(편집자 주 : 휴업 상태로 파악됨) 하지만 이 가게가 사람들에게 선사한 맛에 대한 아름다운 기억은 계속 전해질 것이다.

늘 같은 모습의 유리 진열대는
1900년대 스타일이다. 벽에는 맛있는
음식과 좋은 술에 관한 전단지가
가득 붙어 있다. 20세기 초
프랑스에 와 있는
느낌이 든다.

BOULANGERIE BO

85bis Rue de Charenton, 75012

#14 블랑제리 보, 전통과 창의성을 다 잡은 빵집

2014년 절친인 브노아 징드르와 올리비에 오스트라트가 오래된 빵집을 인수해, 두 사람 이름의 첫 자모를 따서 보*BO* 라는 이름의 빵집을 열었다. 그들이 인수한 이 빵집은 많은 사람들의 추억이 어려 있는 프랑스의 역사적 건축물이다.

두 명의 새 주인은 장인 정신과 아름다움에 대한 열정으로 가득 차 있다. 두 사람은 역사와 현대를 아우르고, 전문적인 베이킹 지식에 독특한 아이디어를 엮어 역사성이 풍부한 이 가게에 역동적인 기운을 불어넣는다.

블랑제리 보는 전통을 존중하면서도 창의성을 가미해 좋은 품질의 프랑스산 재료로 빵과 케이크를 만든다. 이곳에서는 전통적인 바게트 외에도 캉파뉴, 밤무화과빵이 유명하다. 개인적으로 키쉬와 피자도 추천한다.

펄 슈가를 뿌린 슈
나비 파이
애플 파이
크루아상
건포도빵
브리오슈 식빵
뺑 오 쇼콜라
치즈 트위스트
캉파뉴
바게트

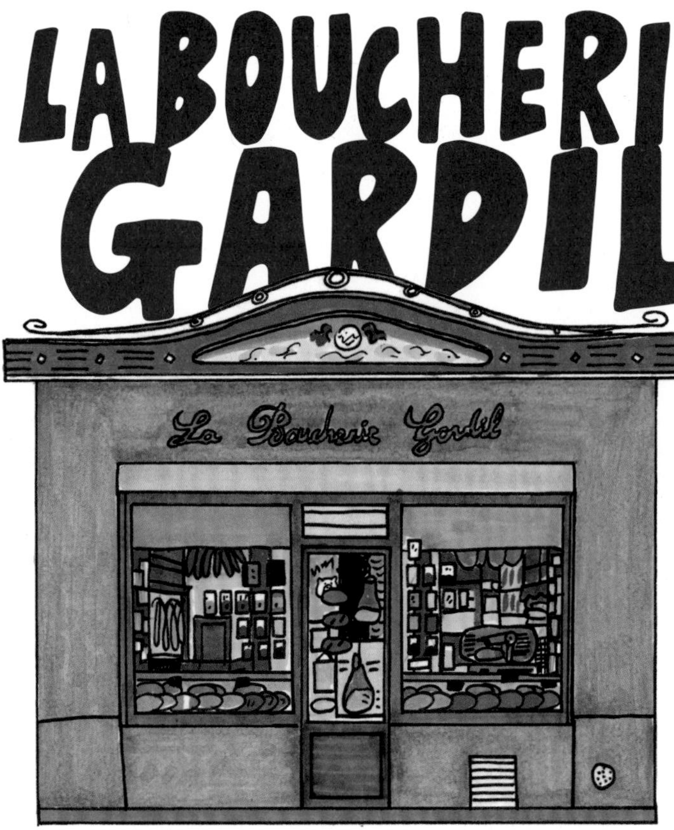

44 Rue Saint-Louis en l'Île, 75004

#15 라 부쉐리 가르딜, 육류 대회를 휩쓴 정육점

평일인데도 생루이섬의 가르딜 정육점 앞에는 사람들이 줄을 선다. 질 좋은 고기를 합리적인 가격에 사기 위해서다. 가게 진열장 왼쪽에 돼지고기, 오른쪽에 닭고기, 더 안쪽에는 소고기와 양고기가 있다. 천장에는 소시지와 햄이 걸려 있고 유리창에는 온갖 여행 안내서와 요리 정보지가 붙어 있다.

장 폴 가르딜은 이곳에서 35년째 일하고 있다. 6년 전, 아버지는 그에게 가게를 넘겼지만 여전히 가게에서 아들을 돕고 있다. 이른 아침 정육점에는 아들과 아버지가 발골과 양 허리의 기름을 제거하는 일을 분주하게 하고 있다.

프랑스에는 육류 대회가 여럿 있는데 보통 상을 받은 정육점에서는 고기를 비싼 값에 팔지만 가르딜은 고깃값을 적절하게 매긴다.

가게에는
육류 대회의 상장이
빼곡하게 걸려 있다.
최상의 고기를
믿고 살 수 있는
정육점이다.

45 Rue Saint-Louis en l'Île, 75004

#16 메종 모아네, 170년 수제 사탕 노포

1852년 프랑스 비시*Vichy*에 있는 한 상점이 사탕을 팔기 시작했다. 놀랍게도 170여 년이 지난 지금도 여전히 그 자리에서 그 이름 그대로 수제 사탕을 판매하고 있다. 프랑스에서 가장 오래된 사탕 가게 중 하나인 메종 모아네다. 파리 첫 매장은 노트르담 근처에 열었다.

이곳에서 전통 방식으로 만든 페퍼민트 사탕, 과일 젤리, 캐러멜, 누가, 프랄린 등을 살 수 있다. 푸른색 체크 무늬 틴케이스에 담겨 있는 네모 반듯한 페퍼민트 사탕은 가장 인기 있는 품목이다.

레미 모아네

레미 모아네는 광고 마케팅에 뛰어난 재능이 있었다. 1930~50년대까지 중세 스타일의 수많은 틴케이스와 광고 전단을 디자인했다. 지금도 사용되고 있는 틴케이스들도 있고 당시에 디자인한 포스터도 살 수 있다.

1 Rue de la Banque, 75002

#17 르 그랑 피유 에 피스, 1만 종 와인의 세계

르 그랑 피유 에 피스의 문을 열면 "와인의 세계에 오신 것을 환영합니다."라는 인삿말이 들리는 듯하다. 350개의 와이너리와 손잡고 수많은 와인들을 선보인다. 은은한 조명등 아래서 10,000여 종의 와인이 손님을 기다린다. 창업주 프랑소와 보제는 1880년에 향신료 사업을 위해 이 가게를 열었다. 후에 르그랑가의 두 형제 피에르와 알렉산더가 이 가게를 이어받아 지금까지도 르그랑 가문이 이 가게를 계속 운영하고 있다.

와인 저장고에 깊숙이 들어가면 갑자기 주변이 밝아진다. 와인 저장고와 연결된 이 레스토랑은 프랑스 낭만이 물씬 느껴지는 우아한 분위기로 꾸며져 있고, 레스토랑 밖은 아름답기로 유명한 파사주* *Passage* 갤러리 비비엔느가 있다.

파사주 : 건물과 건물 사이 통로의 아케이드 거리.

치즈, 소시지, 케이크,
사탕, 통조림, 초콜릿 등
와인과 어울리는 다양한
먹을거리도 판다.

Bienvenue
Welcome

특별한 기념품이 필요하면 이 가게

기념품이나 선물을 사려면 면세점이나 기념품 가게에 들르는 것이 일반적이지만 파리만의 개성과 독특함을 지닌 기념품을 원한다면 파리 골목 안에 자리한 백년 가게들을 탐험해 보길 추천한다.

왕실이 지정한 양초 가게, 향수 브랜드숍에서 파는 핸드크림, 주석으로 만든 캐릭터 인형, 프랑스 여성들의 일상을 느낄 수 있는 자수 가방 또는 오래된 골동품 가게에서 예기치 않은 물건을 만날 수도 있을 것이다. 이런 물건들에는 근현대를 지나오면서 파리 시민들의 일상이 깃들어 있다.

78 Rue de Seine, 75006

#18 트루동, 스몰 럭셔리 고급 향초

1643년에 문을 연 향초 가게다. 오랫동안 베르사유 궁의 수많은 방을 환하게 밝힌 3,000개의 초와 파리의 유서 깊은 여러 성당의 미사에 사용된 초가 트루동의 것이다. 18세기에 프랑스 왕실이 지정한 공식 향초 브랜드가 되었는데, 부르봉 왕조가 무너진 후에 나폴레옹 시대에도 왕실에서 변함없이 트루동의 초를 사용했다.

지금도 세계에서 가장 오래된 향초 공방으로서 프랑스 근대사의 산증인과도 같은 가게다. 트루동은 300년 넘게 천연 밀랍초 개발에 몰두해 왔는데 '하나님과 왕을 위해 일한다.'며 꿀벌을 찬미하면서 자신들 역시 그러함을 드러낸다. 저렴하지는 않지만 특별한 사람을 위해서라면 스몰 럭셔리 선물로 좋을 듯하다. 향수, 디퓨저 등의 제품도 만들고 있다.

줄리앙 프뤼보스트는
트루동의 브랜드
크리에이티브 디렉터다.

19 Rue Vieille-du-Temple, 75004

#19 불리, 옛날의 파리로 데리고 가는 향수

불리의 시그니처 '갈색 뚜껑'을 열어 살짝 뿌리면 파리의 벨 에포크* *Belle Époque* 시절로 온 것 같은 향이 나를 사로잡는다. 소설가 발자크는 《인간 희극》에 '파리의 조향사들이 귀족과 부자들을 매혹했다'고 썼고, 파트리크 쥐스킨트의 소설 《향수》에는 18세기 파리 모습이 생생히 묘사되었다. 당시에 실력 있는 조향사는 계급을 뛰어넘을 수 있었기에 가혹할 정도로 경쟁이 심했다.

1803년 장 뱅상 불리는 생토노레*Rue Saint-Honoré* 거리에 향수와 화장품을 판매하는 작은 가게를 열었다. 모든 향수를 직접 조향했고 향수병에 아름답고 고급스러운 빈티지 그림을 붙이자 브랜드는 단숨에 유명세를 탔다. 그가 개발한 콜롱*Cologne* 같은 아로마 항균 식초도 큰 성공을 거뒀는데 약용에 미용 효과까지 입증되어 당시 파리 사교계 귀부인들로부터 큰 사랑을 받았다.

벨 에포크 : 19세기 말에서 20세기 초에 이르는 유럽의 태평성대 시기

불리의 제품은 모두 천연
식물 성분이며 오렌지블로
섬 바디 오일은 인기 제품
중 하나다.

라벨의 글씨는 직원이
직접 쓴 것으로 온기와
감성이 느껴진다,

빈티지한 느낌의 그림이
그려진 핸드크림도 꽤
잘 팔리는 품목이다.

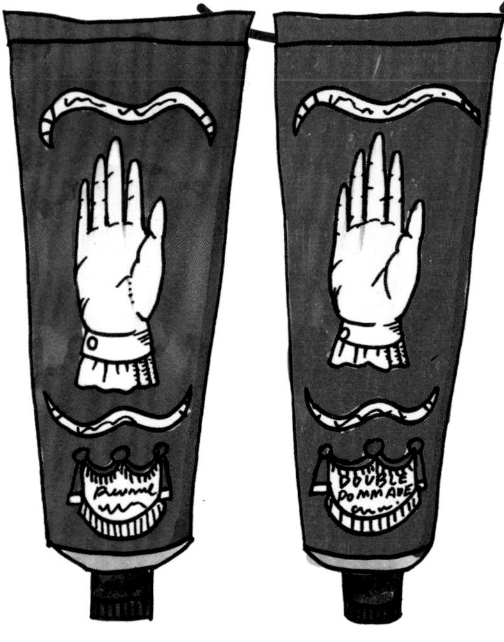

유황 성분이 없는 아로마
성냥. 성냥개비를 아로마
오일에 담가서 만든다.

ORIZA L. LEGRAND

18 Rue Saint-Augustin, *75002*

#20 오리자 엘 르그랑, 앙투아네트가 사랑한 향수

1720년에 조향사 파르종 에네가 문을 연 향수 가게다. 마리 앙투아네트가 좋아하는 향수로 알려지면서 인기를 끌었고, 나폴레옹과 황후 조세핀, 나폴레옹 3세의 사랑을 받았다.

브랜드의 위상을 이어가기 위해 1860년에 르발루아 페레*Levallois-Perret*에 최초로 향수 증기 공장을 세웠다. 이후 프랑스, 러시아, 이탈리아의 왕실과 영국의 대법원도 이 브랜드를 공식 지정하여 애용했다. 1900년에 파리 세계 박람회에서 르그랑의 향수가 대상을 차지했고, 그 후 세계 각지에서 열린 박람회에 참가했다. 가게는 변함없이 연두색 차양과 고풍스러운 인테리어를 유지하면서 명성과 우아함을 지키고 있다. 향수병을 묶은 길게 늘어진 실크 태슬은 300년 넘게 이어져 온 르그랑의 시그니처다.

(편집자 주 : 출간 시점에 이 가게는 구글맵에서 두 군데가 검색되며 다른 한 곳의 주소는 85bis Rue de Charenton75012)

향 비누도 인기 품목이다.
예쁜 리본으로 묶은 빈티지한 상자를
열면 100년 전의 파리로
시간 여행을 간 것만 같다.

11 Rue Vignon, 75008

#21 라퐁, 개성을 한껏 살려 주는 안경

루이 라퐁이 1923년 가을에 마들렌 광장에 문을 연 작은 안경점은 어느덧 100년이 흘러 4대째 이어지고 있다. 1972년, 루이의 손자 필립과 그의 아내 로렌스는 안경을 진정한 패션 아이템으로 자리매김하려는 의지를 갖고 라퐁 브랜드를 만들었다.

라퐁의 독특한 디자인 스타일은 두 사람의 끊임없는 혁신의 결과물이다. 모든 안경 디자인에는 여행, 책, 예술 등 각기 다른 영역의 영감들이 녹아 있다. 이러한 독창성 때문에 에르메스, 샤넬 같은 명품 브랜드의 러브콜을 받아 왔다. 현재 라퐁은 파리에 네 곳의 지점이 있고, 40여 나라에 안경을 수출한다.

라퐁의 안경은 구조와
디자인 난이도에 따라 8~14주,
12~20 단계의 공정을 거치며 대부분
수작업으로 만들어진다.
오랜 세월을 지나왔지만 여전히
클래식하면서도 새로움을
잃지 않는 라퐁의 안경은
고객의 개성을 극대화한다.
이것이 바로 라퐁이다.

10 Rue Saint-Lazare, 75009

#22 데파이유, 파리 멋쟁이 할머니들의 최애 화장품

1905년엔 공작 부인 마리 알린 데따이유가 파리에 자기 이름을 걸고 가게를 냈다. 지금도 스테디셀러인 일명 '자동차 크림'으로 불리는 수분 크림의 탄생은 부인의 열정과 새로움에 대한 추진력의 결실이다. 당시 자동차에는 앞 유리창이 없어 바람을 온전히 맞아야 했다. 피부가 건조해져 손상되는 것을 막아 보자는 생각에 부인은 화학자 친구와 함께 보습 크림을 개발했다.

현재 데따이유는 피부 재생 화장품 전문 브랜드로서 로션, 향수, 샴푸, 에센스 등을 취급한다. 쌀을 원료로 한 파우더는 색감이 다양해서 누구든 자기 피부색에 맞는 것을 찾을 수 있다. 가장 흰색의 파우더는 연극배우들이 많이 찾는다. 데따이유에 방문한다면 파리의 유명 연극배우를 만날 가능성이 높다.

데따이유의 창립자이며
프랑스 최초의 여성 자동차 운전자로
알려져 있다. 자동차 크림의 탄생은
우연이 아니다.
마리 알린 데따이유
젊은 사람들은 물론
파리의 멋쟁이 할머니들이
사랑하는 브랜드다.
지금도 빈티지 스타일을
유지하며 진열대에서
100년 전 상품 포장을
만날 수 있다.

16 Rue Guisarde, 75006

#23 오 플라 데땅, 싸고 질 좋은 주석 피규어

1775년에 문을 연 피규어 가게다. 쇼윈도에 진열된 피규어들에 눈길, 발길을 멈추게 된다. 주석으로 만드는데, 싸면서 품질 좋기로 정평이 나 있다. 다양한 인물 피규어와 역사의 대표 장면 모형을 만날 수 있음은 물론, 만화와 영화 주인공 피규어도 당연히 많다. 가게 외관은 붉은 색을 띠고 있는데 마치 빨간색 장난감 상자와도 같다.

이곳의 피규어는 경력이 오래된 예술가들의 손끝에서 탄생한다. 주석을 녹여 틀에 붓고 모양을 잡은 다음, 색을 입히는 모든 과정이 수작업으로 이루어진다. 손톱만큼 작은 병정일지라도 만드는 데 한 시간 가까이 걸린다.

가게 이름은
'주석 접시'라는 뜻인데
주석으로 만드는 피규어 공예를
의미한다. 여기서 만드는
정교한 인물 피규어는
애호가가 아니더라도
소장 욕구가 샘솟는다.

21 Boulevard de Magenta, 75010

#24 아 라 피프 뒤 노르, 아름다운 담배 파이프

파리 지하철 5호선 자크 봉세르장*Jacques Bonsergent* 역 밖으로 나오면 쇼윈도에 담배 파이프가 가득 진열된 빨간 문의 가게가 눈에 확 띈다. 150년 된 담배 파이프 가게의 현 주인은 마리 오렐리 파브르로 6대째 가업을 이어오고 있다.

매장에 들어서면 박물관 느낌이 나서 함부로 만지면 안 될 것만 같다. 하지만 당연히 파는 상품들이니 원한다면 적극적으로 살펴보길! 섬세한 조각의 파이프, 특별한 재료로 만들어진 파이프, 초현대적인 디자인을 한 파이프 등 하나같이 정교하고 아름답다.

원하는 디자인으로 맞춤 제작도 가능하고 유지 보수와 수리도 해준다. 조상 대대로 대물려 내려오는 파이프를 손보고 싶은 사람들에게 아 라 피프 뒤 노르가 있는 한 안심이다. 그래서인지 다른 나라에서 오는 손님들도 많다고 한다.

A LA PIPE DU NORD
WHITE

7 Rue des Moulins, 75001

완성품 외에 재료도 살 수 있다. 수 세기 동안 이어 온 프랑스 여성들의 소소한 일상을 느낄 수 있다.

하트 장식은
크리스마스트리에 걸어도 좋겠다.

#25 아니 부케, 프랑스 여성의 일상을 이어 온 자수

아니 부케는 1850년에 문을 연 자수 가게다. 오스만 양식의 건물에 자리한 하늘색 가게 안에는 활짝 핀 꽃을 닮은 아름다운 수예품이 가득하다. 프랑스 자수 공예는 르네상스 시대에서 시작되었으며 프랑스 실내 인테리어의 역사를 관통한다.

프랑스의 고성 벽에 걸려 있는 태피스트리를 보면 아름답기 그지없다. 약해 보이는 자수가 어떻게 지금까지 보존됐을까? 해답은 프티포인트에 있다. 생시르 스티치라고도 하며 캔버스 천에 대각선 형태로 수를 놓는 방식으로 아주 견고하다. 이 스티치가 의자나 작은 초상화, 핸드백 같은 장식물에도 사용되어 자수가 아주 오랫동안 보존 될 수 있었다. 중국에서 수입한 최고급 실크 실, 프랑스 오뷔송 지방에 수공 공방의 울 실, 200년 넘는 전문 유통상이 공급하는 면 실을 사용했다.

철로 만든 가게 간판은
공예 장인을 위한 훈장 같다.

86 Rue des Martyrs, 75018

#26 로브제 키 파를르, 소박하면서 독특한 중고품

몽마르트에는 보물 같은 작은 상점들이 많다. 이곳에서 독특한 이름의 중고품 가게를 우연히 만나게 됐다. 가게 이름의 뜻은 '말하는 물건'이다. 가게에는 주인장이 엄선한 중고품들로 가득차 있다. 생활 예술을 대표하면서도 독특한 일상품들이다.

1995년 기욤 베르나르는 중고품점을 준비하던 중 몽마르트에서 1904년으로 거슬러 올라가는 꿈의 장소를 발견했다. 간판도 없던 이 가게는 길거리에서 열린 즉석 가게 이름 공모에서 한 손님이 '말하는 물건'이라는 의미인 '로브제 키 파를르'라는 이름을 지어 주었다. 모든 물건이 자신의 이야기를 들려주고 있는 이 가게와 딱 맞는 이름을 찾은 것이다.

영국산 베드민턴 라켓 (1930년)

인형 머리 (1910년)

자명종 (1850년)

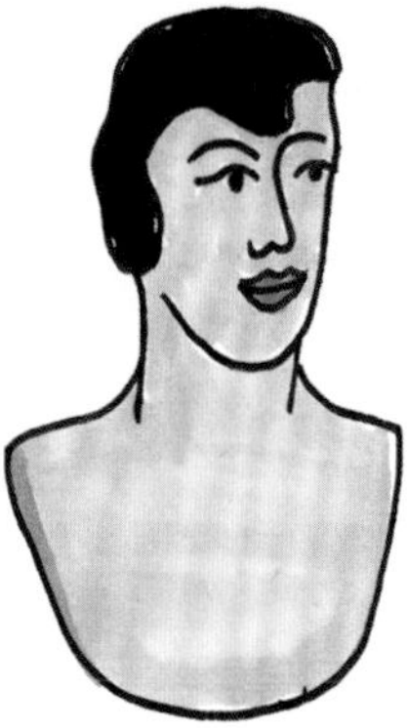

아동용 옷걸이 (1910년)

다양한 빈티지 물건을 구할 수 있다. 고가구, 액세서리, 고서와 다양한 수집품까지, 물건들마다 자신만의 이야기를 하고 있는 듯하다.

7 Rue la Vieuville, 75018

#27 로레르, 멋스러운 클래식 베레모

로레르 브랜드는 1792년 프랑스 피레네 산기슭에서 양털모 상인 피에르 로레르가 양모 양말을 만들어 팔면서 시작되었다. 그의 아들 루시안은 마리아 투르나벤와 결혼했는데, 마리아는 베레모를 만드는 메종 투르나벤*Maison Tournaben*의 사장의 딸이다. 로레르는 그 이후 본격적으로 베레모를 만드는 가게가 되었고 오늘날까지 이르렀다.

1975년에 수제 모자의 장점은 살리면서 생산량을 늘리기 위해 베레모 편직기를 개발했다. 편직기로 흰 양모사를 베레모 모양으로 성글게 짠 다음, 따뜻한 비눗물에 넣고 기계로 압력을 가해 수축시키면서 밀도 높은 펠트를 만든다. 동시에 천연 색소로 염색한 펠트 베레모를 머리 모양의 나무 몰드에 올려서 건조한 다음, 모양과 크기를 잡아가며 모자를 만든다. 장식까지 달면 최종 완성!

로레르의 전통 베레모 제작 방법은 몽마르트 지점의 벽면에 적혀 있다.

프랑스 정통 베레모를 사고 싶다면
로레르에 꼭 들러 보시라.
결코 후회는 없을 것임!

RF
CHARVIN
CARNET
DE DESSIN

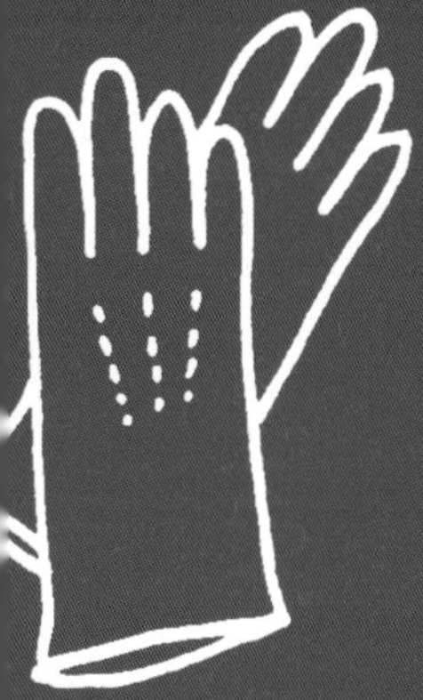

문화가 가득한 가게

파리의 오래된 작은 가게에서는 저마다 독특한 분위기와 문화를 느끼고 경험할 수 있다. 유서 깊은 훈장 가게에서 멋드러진 훈장이나 장식을 사고, 17세기부터 수집해 온 800만 부의 신문과 잡지가 있는 고서점에서는 자신이 태어난 날짜의 신문을 살 수 있다. 화방에서는 명화를 남긴 예술가들이 사용했던 물감을 살 수 있으며 루소와 볼테르가 자주 찾았던 우산 가게에서는 200년 전 프랑스 신사들의 취향을 느낄 수 있다.
또는 고색창연한 고서점에 앉아 아무것도 하지 않고 멍하니 앉아 있기만 해도 색다른 경험이 될 것이다.

37 Rue de la Bûcherie, 75005

#28 셰익스피어 앤 컴퍼니, 파리의 영문학 서점

1919년 미국인 실비아 비치가 문을 연 작은 서점으로 헤밍웨이의 단골이었으며 당대 유명 예술가들의 집결지였다. 1941년 독일의 파리 침공으로 문을 닫았다가 1951년 조지 휘트먼이 영문 책 서점 르 미스트랄*Le Mistral*로 오픈하여 파리 문학계 중심지가 되었다. 1964년 그는 셰익스피어 탄생 400주년을 기념하는 동시에 실비아 비치에 대한 존경심을 담아 서점 이름을 셰익스피어 앤 컴퍼니로 개명했다. 지금은 실비아 비치와 이름이 같은 실비아 휘트먼(조지의 딸)이 서점주다. 그녀는 서점의 독창성과 문화적 가치를 지키면서 새 활력을 불어넣으려 애쓰고 있다. 서점에 방문한다면 2층에 꼭 올라가 보시라. 가난한 작가를 위한 허름한 레지던스와 오래된 피아노가 있으며, 창문을 통해 노트르담 대성당을 감상할 수 있는 뷰 포인트이기도 하다.

헤밍웨이

헤밍웨이는 《내가 사랑한 파리》에서 책방 주인을 이렇게 묘사했다.

"선명한 이목구비, 갈색 눈을 가진 실비아는 새끼 동물처럼 민첩하고 늠름했다. 그녀는 상냥하고 낙천적이고 재미있고 장난기가 많고 수다쟁이다. 실비아보다 내게 잘해주는 사람은 없다."

이 서점은 고양이를 기르는 전통이 있다. 이름은 늘 키티였는데, 2016년에 7대 키티가 세상을 떠나고 새로 온 8대 고양이는 아카타가 되었다. 키티라는 사람 직원이 있어서다.

운이 좋다면 서점 직원으로부터 타자기로 작성한 시를 받을 수도 있다. 사진 찍기 전에 먼저 문의해 보길.

8 Gal de Montpensier, 75001

#29 바크빌, 영예로운 훈장 가게

각종 훈장을 만들어 파는 가게인 바크빌은 팔레루아얄*Palais-Roya* 정원과 이어진 아케이드에 있다. 프랑스 사람들은 훈장을 정말 좋아한다. 프랑스 대혁명 이후 전통적인 기사단이 폐지되자 나폴레옹은 국가에 공헌한 군인이나 민간인을 표창하는 새로운 영예 제도를 만들기를 원했다. 프랑스에서는 공로가 있는 군인뿐 아니라 예술가, 과학자, 농민, 정의로운 시민에게 다양한 훈장이 수여된다.

바크빌은 1790년부터 왕실의 각종 훈장과 상패를 만들어 왔고 지금도 정부 기관의 의뢰를 받고 있다.

1790년 바크빌은 국가 훈장을 제작할 수 있는 권리를 얻었다. 현재 단 세 곳이 권리를 갖고 있다. 1869년에는 나폴레옹 3세 동전을 제조할 권리도 얻은 바 있다.

38 Rue de Charenton, 75012

#30 라 갈캉트, 신문 박물관 같은 서점

고문서 서점으로, 17세기부터 현재에 이르는 다양한 신문, 잡지, 사진, 포스터 약 800만 부를 소장하고 있다. 서점 이름 갈캉트는 화랑*Galérie*과 벼룩시장 *Brocante*을 결합한 말이다. 오래된 신문 10만 부를 소장하고 있던 전직 기자 크리티앙 바이가 1975년 신문 박물관을 만들겠다는 꿈을 갖고 이 서점을 열었다. 박물관의 꿈은 이루지 못했지만 라 갈캉트는 명실상부한 파리의 신문 박물관 역할을 하고 있다.

이 서점에서는 태어난 연도와 일자를 알려 주면 '나의 생일 신문'을 찾아 준다. 가격은 25유로로 싸지 않지만 창의적인 생일 선물로 입소문이 나면서 인기가 꽤 있다. 몇 년 전 파리 1구에서 12구로 이전했다. 바이는 세상을 떠났고, 지금은 27살부터 서점에서 일해 온 자크 퀴즈마가 맥을 잇고 있다.

Le Parisien
Libéré
La victoire de Paris est

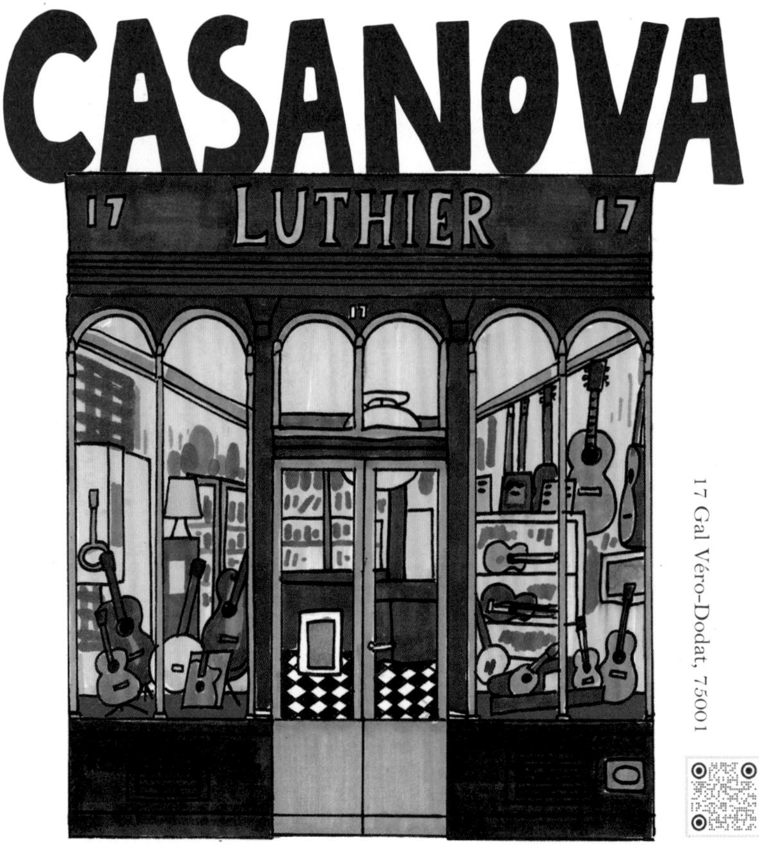

17 Gal Véro-Dodat, 75001

#31 카사노바, 음악과 기타를 사랑하는 사람들

파리 1구 팔레루아얄과 레 알*Les halles* 사이에 있는 파사주 갤러리 베로-도다*Galerie Véro-Dodat* 안에 위치한 오래된 악기 가게다. 기타를 사고 팔 수 있으며 수리도 가능하다. 온갖 기타들이 걸려 있는 뒤쪽에 기타 수리 공간이 있다.

가게 안에는 기타들이 주렁주렁 걸려 있는데 저마다의 사연을 담고 있는 듯 느껴진다. 수리 공간의 벽에는 수많은 사진이 붙어 있는데, 손님들이 자신의 기타와 함께 찍은 것이다. 유명한 연주가들의 사진도 있지만 대부분은 음악을 사랑하는 평범한 사람들 모습을 담고 있다.

LUTHERIE
가게 주인 제롬은
20년 넘게 현악기 제작을
해왔고, 유명 뮤지션들의
악기 수리도 한다.

5 Rue d'Arras, 75005

#32 뤼테스, 고전 만화책과 잡지가 가득한 서점

파리 5구 길가에 보일 듯 말 듯 숨어 있는 이 서점은 1968년에 문을 열었다. 이곳을 지난다면 쇼윈도 안을 가득 채운 만화책과 장난감에 시선을 뺏기고 말 것이다.

뤼테스는 현재의 서점주 이사벨의 아버지가 시작한 아주 작은 가족 가게다. 작은 서점 안에는 오래된 만화책과 잡지로 가득한데, 이곳에서 초창기 《틴틴의 모험기》를 찾을 수 있고 100년 전 미키 마우스 포스터도 만날 수 있다. 만화와 잡지 외에도 20세기에 제작한 다양한 인쇄물도 있다. 고전 만화를 좋아한다면 뤼테스에 들러보는 것도 파리 여행에서 좋은 선택이 될 것이다. 뜻하지 않은 기쁨을 맛볼 수도 있을 것이다.

LE SPHINX D'OR
CROQUEMULOT
CREATION DE CALVO
JARI
MYSTÈRE BORG
MICKEY
ALBUM N 1
TINTIN AU PAYS DES SOVIETS
tintin
50 ANNIVERSAIRE

3 Quai Voltaire, 75007

#33 세넬리에, 세계적인 명화에 쓰인 물감

창업자 귀스타브 세넬리에는 화학 연구에 심취하다가 화방을 열고 물감을 팔게 되었다. 지금은 물감의 종류도 많고 구하기도 쉽지만 세넬리에가 화방을 연 1887년 당시에는 화가들이 마음에 드는 물감을 구하는 일이 쉽지만은 않았다.

화방은 루브르 궁전 맞은 편, 파리 국립 고등미술학원에서 겨우 한 걸음 거리에 있다. 세넬리에와 그의 친구가 함께 개발한 100가지에 달하는 유성 물감은 세계적인 작가들의 캔버스에 칠해졌고, 많은 작품들이 전 세계의 여러 미술관에 걸려 있다.

당시 세넬리에는 미술 재료만 파는 곳이 아니라 예술가들의 모임 장소이기도 했다. 물감을 개발하는 과정에서 세잔, 피카소 같은 유명한 화가들이 조언 혹은 요청을 했다고 한다.

45-46-47 Gal Vivienne 75002

#34 리브레리 주솜, 희귀 중고 서적을 팝니다

갤러리 비비엔느*Galerie Vivienne*는 1823년에 지어진 파사주로 1974년 프랑스 역사 건축물로 등재되었다. 이 아케이드 거리에서 가장 유명하고 오래된 가게로 주솜 서점을 꼽을 수 있다.

1826년에 문을 연 이 서점을 1900년에 주솜이 인수하면서 지금의 이름을 달게 되었다. 서점 안팎의 장식은 예나 지금이나 거의 변하지 않았다. 입구에서 있는 엽서대에는 다양한 엽서가 가득 꽂혀 있고, 문을 열고 들어서면 짙은색 나무 책꽂이에는 온갖 오래된 양장본 책들로 빽빽하다. 18세기부터 현재까지 출간된 소설, 역사서, 시집, 희곡, 악보집 등 다양한 주제의 희귀한 중고 서적을 사고판다. 그 밖에 여러 가지 다양한 인쇄물과 판화들도 판매한다.

현재 서점 주인 프랑소와는
4대 경영자이다. 어렸을 때부터
이 서점에서 놀면서 자랐기에 서점이
손바닥 보듯 훤하다. 원하는 책을
말하면 즉시 어느 책꽂이에
있는지 알려 준다.

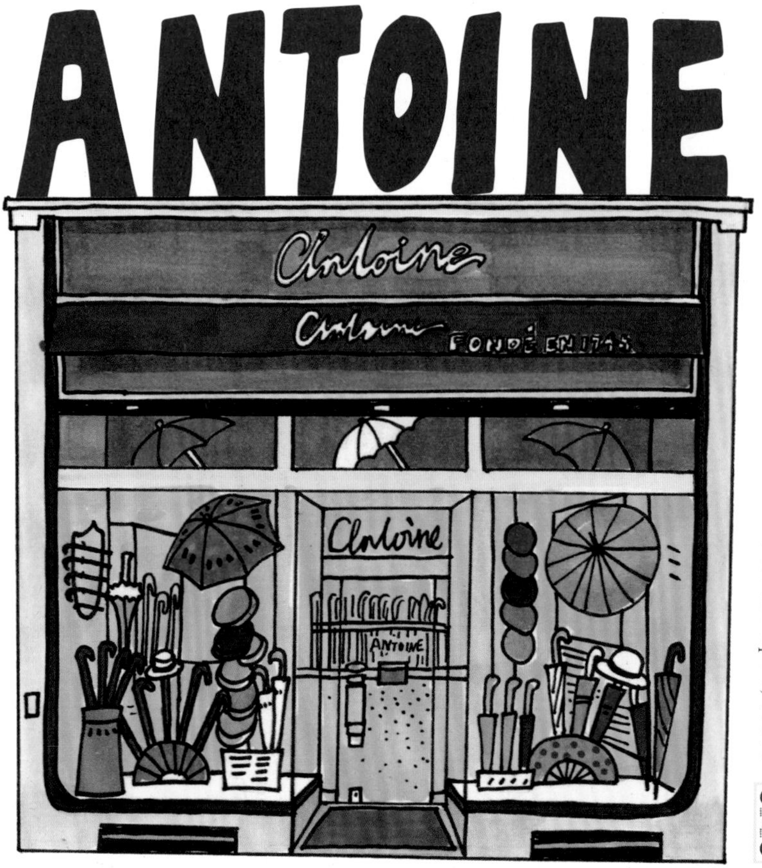

10 Av. de l'Opéra, 75001

#35 앙투안, 파리 신사들이 사랑한 우산

1745년 앙투안 부부가 퐁네프 다리 양 끝에 우산 가게 두 곳을 열었다. 당시는 프랑스 계몽 운동으로 사상가들이 파리로 몰려들던 때다. 품위 있는 신사라면 멋진 정장에 어울리는 모자와 장갑, 세련된 우산은 필수품이었다.

파리의 신사라면 앙투안을 알고 있는 것은 당연했으며 몽테스키외, 루소, 볼테르가 단골이란 것이 신기하지 않을 정도로 가게는 명성이 자자했다.

현재 앙투안은 삼대에 걸쳐 가업을 이어 오고 있다. 전통에만 얽매이지 않고 혁신을 거듭하며 맞춤 우산에 있어 독보적인 기술을 갖고 있다. 200여 년 전 프랑스 신사의 품격을 느껴 보고자 한다면 한번 들러볼 만한 가치가 있다.

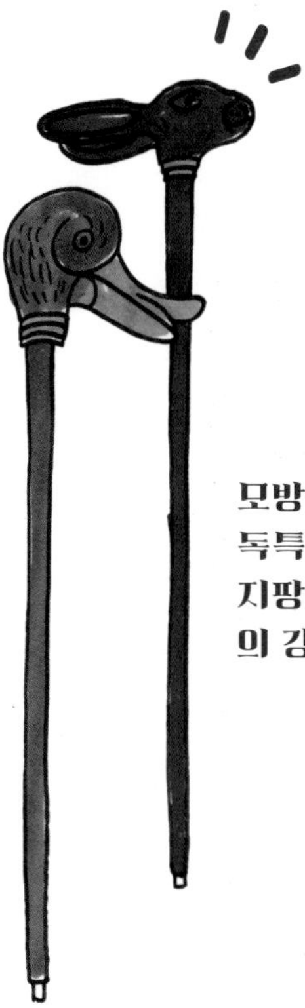

모방하기 어려운 독특한 스타일의 지팡이는 앙투안의 강점이다.

지금도 파리의 에어컨 보급률은 낮은 편이라 더운 여름에 부채는 필수이다.

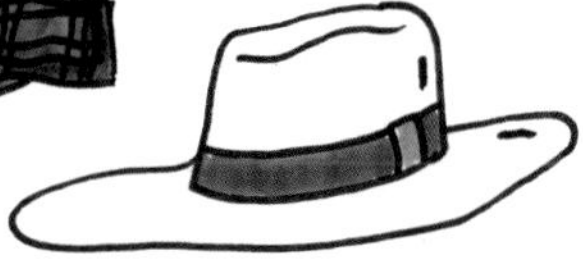

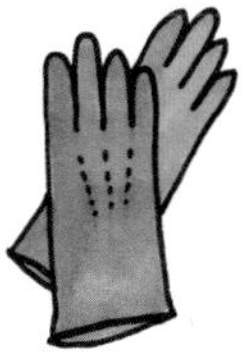

오페라 가르니에 주변에는 아름다운 여성 장갑, 다양한 모양의 지팡이, 우산을 파는 상점들이 많다.

베레모, 흰색 파나마 모자, 헌팅캡은 고전템이지만 여전히 인기 있다.

10 boulevard Montmartre, 34 Pass. Jouffroy, 75009

#36 갤러리 페예, 패션 아이템이 된 지팡이

구약에 모세가 지팡이로 홍해를 가른 이야기가 나오는 것으로 짐작해 보면 지팡이의 역사는 장구하다. 16세기에 유럽의 신사들은 호신용으로 펜싱 검 대신 지팡이를 들기 시작했고, 17세기에는 신사 숙녀들의 필수품이 되었으며 이후 패션 아이템으로도 자리잡았다.

페예는 파사주 주프로와*Jouffroy*에서 가장 주목 받는 지팡이 가게다. 입구 앞에 놓인 순록 뿔이 강력한 인상을 주기 때문이다. 1909년부터 페예는 지팡이와 우산을 제작했는데, 우산과 지팡이 제작은 협력이 필요한 작업이며 공정마다 장인의 섬세한 손길이 요구된다.

조지 페예
섬세하고 아름다운
지팡이 장식에는 숨겨진
이야기가 있다고 하니
지팡이를 사게 된다면
숨은 이야기를
물어보자 !

46 Rue du Bac, 75007

#37 데롤, 박제 기술의 최고봉

1831년, 파리 바크 거리에 박제 전문점 데롤이 등장했다. 평범한 원예 가게로 보이지만 2층으로 올라가면 감탄이 절로 나오는 보물 같은 곳으로 바뀐다. 데롤의 표본 박제 기술은 업계에서도 손꼽힌다. 이곳의 박제를 보면 문외한이라도 그 기술이 얼마나 뛰어난지 단박에 알 수 있다.

수천 개의 나비 표본, 살아 있는 듯한 치타와 타조 박제, 심지어 유니콘도 있다. 데롤은 창립 때부터 다양한 자연 관련 서적을 출간해 온 명성 높은 출판사이기도 하다. 전 세계 수많은 학교에서 데롤의 자연도감을 비치한다. 나도 나비 표본 한 권 사서 친구에게 선물했다. 파리에는 신기한 가게들이 아주 많은데 그중 데롤은 절대 빼놓을 수 없다. 다만 사진 촬영은 금지다. 그림에 소질이 있는 분은 작은 스케치 노트 한 권 준비하시라!

동물원이나 야생에서
자연사나 병사한 동물 사체만
사용하여 표본을 만든다는
원칙을 고수한다.

57 Quai des Grands Augustins 75006

#38 샤르방, 폴 세잔이 애용한 물감

센강의 퐁네프 다리 끝에 있는 화방 샤르방은 1830년에 개업하여 200년 가까이 가업을 이어 왔으며 지금도 건재하다. 이곳은 단순 화방을 넘어서 물감 연구와 개발도 한다. 생제르맹 예술구에 있는 샤르방 플래그십 스토어에는 다양한 미술 도구와 재료, 이젤과 캔버스 등이 구비되어 있고 정기 미술전도 연다.

샤르방이 만든 물감은 프랑스 화가들에게 특히 사랑받았는데 폴 세잔, 피에르 보나르 등이 단골이었다. 가장 좋은 프랑스산 원료를 사용해서 프랑스에서 만든다는 원칙으로 최고의 품질을 유지한다. 그것이 장수의 비결이리라!

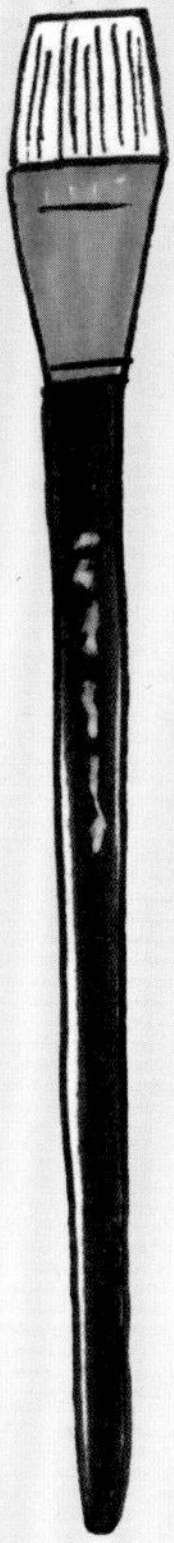

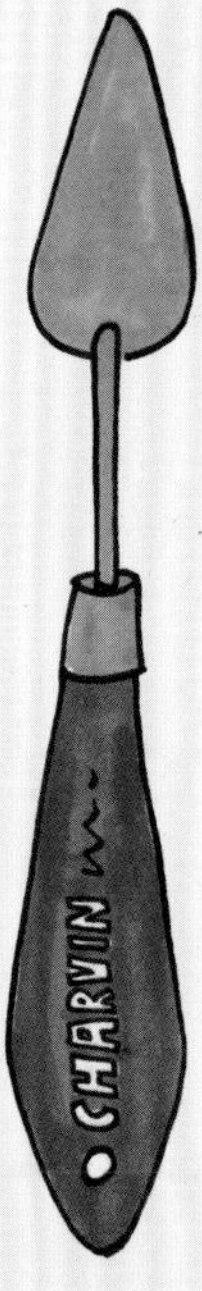

재료들이 하나같이 섬세하고
아름다워서 화가들에게 인기가 높다.
검정 틴케이스는 매혹적이며 거기에
담긴 순도 높은 물감은 예술적 감성을
자극하여 당장이라도 멋진 그림을
그릴 수 있을 것만 같다.

다양한 종류의 수성, 유성,
아크릴 물감을 비롯하여 캔
버스와 붓도 생산한다.

1L

파리 시민의 일상이 있는 가게

커피 탐험가 카페에서 커피를 음미하고, 100년 된 예술 감성 가득한 꽃집에서 꽃 한 다발 산다. 프랑스에서 가장 유명한 차 브랜드 가게에서 향기로운 차를 사고, 전통적인 아로마 가게에서 다양한 허브와 아로마 오일에 대하여 배우고, 특색 있는 주방 가게에서 손에 딱 맞는 주방 기구를 산다. 이런 가게들은 파리 사람들의 일상과 파리다움을 가장 잘 느낄 수 있는 장소다.

256 Rue Saint-Honoré, 75001

#39 베를레, 소규모 농장 커피만 취급합니다

프랑스에 커피가 전해진 17세기에는 값이 비싸 귀족들만 즐겼다. 점차 커피 문화가 서민층까지 퍼지면서, 1716년 파리에는 약 300여 곳, 1788년에는 1,800여 곳, 1807년에는 4,000여 곳의 카페가 있었다고 한다. 커피 소비가 증가하면서 커피에 대한 요구 사항도 점차 다양해졌다. 1880년 생토노레 거리에 로스터리 카페*가 문을 열었다. 1921년 이 카페는 정식으로 '베를레'라는 이름을 붙였다. 베를레는 소규모 농장에서 생산한 독특한 풍미의 커피만 고집한다. 원두는 콜롬비아, 파나마, 태국, 미얀마, 라오스 등 여러 나라에서 들여온다. 그래서일까. 파리지엔들은 베를레를 '커피 탐험가'라고 부른다.

로스터리 카페 : 원두를 직접 볶고 갈아 커피를 만드는 카페

아침마다 커피 향으로 거리를 채우는 베를레는 루브르 박물관에서 걸어서 5분 거리에 있다. 소앤틸리스 제도와 아프리카에서 온 연녹색 생두를 금속통에 넣고 손잡이를 돌려 '수도승의 가운 *Robe de moine*' 이라 불리는 진한 갈색이 되도록 천천히 볶는다. 베를레가 자랑하는 프렌치 로스팅 법이다.

전통적인 커피 주전자는 100년 된 카페와 잘 어울린다.

LACHAUME

103 Rue du Faubourg Saint-Honoré,75008

#40 라숌, 예술적 가치를 가진 꽃집

라숌은 샹젤리제 거리 근처에 있다. 짙은 초록색 대리석 쇼윈도와 정교하게 조각한 포세이돈 손잡이는 100년 넘게 쌓인 내공을 보여주는 듯하다. 자연광이 비치는 거울 벽에 반사되어 커다란 꽃다발이 끊임없이 반짝이는 모습은 마치 요지경에 들어간 느낌이다.

1845년에 플로리스트 쥘 라숌이 도탱*D'antin* 거리에 꽃집을 열었다. 그가 펴낸 책 《자연의 꽃》은 지금도 판매되고 있으며 프랑스 문학 유산으로 선정되었다. 랴숌의 꽃은 기품 있고 우아하다. 디자이너 이브 생 로랑과 칼 라거펠트*는 이곳의 단골 손님이었고, 작가 마르셀 프루스트*는 부토니에르*로 쓸 양란을 사려고 이곳에 자주 들렀다고 한다.

마르셀 프루스트 : 1871년생 프랑스 작가, 대표작은 《잃어버린 시간을 찾아서》
칼 라거펠트 : 독일의 패션 디자이너로 샤넬의 책임 디자이너로 활동했다.
부토니에르 : 턱시도 등 양복류의 단춧 구멍에 꽂는 꽃이란 뜻.

100년을 이어 온 라숌의 찬란함에서 아름다움의 가치를 알 수 있다. 꽃은 곧 시들지만 라숌의 예술은 영원하다는 생각이 든다.
랴숌은 1970년에 이탈리아계 여성, 주세피나 칼레가리가 인수했고, 현재 그의 두 손녀가 경영한다.

30 Rue du Bourg Tibourg, 75004

#41 마리아쥬 프레르, 프렌치 스타일의 허브차

1854년 앙리 마리아쥬와 에듀아드 마리아쥬 형제가 마레 지구에 차와 허브를 수입하는 회사를 세웠다. 형제의 명성은 전 세계에 퍼져 나갔고 오늘날 프랑스에서 가장 유명한 차 브랜드가 되었다.

가게에 들어서면 제일 먼저 벽면을 가득 채운 블랙 틴케이스가 눈에 들어온다. 이곳에서는, 차보다 더 눈길을 끄는 정교한 찻주전자, 오르골 모양의 차 상자, 차에 곁들이기 좋은 초콜릿까지 차에 관한 거의 모든 제품을 판매한다. 차를 구입하면 차 한 잔을 공짜로 테이크아웃할 수 있으니 놓치지 마시라. 잠시 다리를 쉬기 좋은 티 살롱이 딸린 차 가게들이 파리에는 여러 곳 있다.

세계 각국의 향긋한 차를
블랙 틴케이스에 담는 것만으로
우아한 프렌치 스타일이 된다.

16 Rue Drouot, 75009

#42 필라트, 우표 수집가들의 성지

우표 수집에 취미가 있다면 옛날 우표, 동전, 엽서 등을 구경하기 좋은 곳이 드루오*Drouot* 우표 거리다. 100년 넘은 우표 가게 필라트 역시 이곳에서 만날 수 있다.

이 거리에 왜 이렇게 많은 우표 가게가 있는 걸까? 그 이유는 거리 끝에 있는 경매장 때문이다. 1852년에 드루오 경매장이 완공된 이후 세계 각지에서 경매상들이 몰려들었다. 여러 품목 중에서도 우표 거래가 많이 이뤄지면서 우표를 전문으로 취급하는 가게가 하나둘 생겨났다. 점차 우표를 사기 위해 손님들이 몰려들었고, 수요가 있으니 우표 가게들이 더 많이 문을 여는 선순환이 일어난 게 아닐까 싶다.

프랑스 최초의 우표

조각가 자크 장 바레가
디자인했다.

자크 장 바레

프랑스 각 시대별 우체통. 지금도 프랑스인들은 편지를 애용한다.

프랑스 우정국은
1999년부터 매년
밸런타인데이에
하트 모양의
우표를 발행한다.

박물관과 미술관에서 전시회가
열릴 때면 명화를 소재로 하여
제작한 우표를 판매한다.

76 Bd Haussmann, 75008

#43 레 테 데밀리, 파리에서 즐기는 영국 차 문화

'에밀리의 찻집'이란 뜻의 레 테 데밀리는 트와이닝 가문의 후손이 1910년 파리에 문을 연 영국식 티 살롱이다. 트와이닝*Twinings*은 명성이 높고 오래된 영국 차 브랜드이다. 이제, 레 테 데밀리는 트와이닝이라는 이름은 안 쓰지만 여전히 영국식 차와 문화를 서비스한다. 가게 안은 각종 찻주전자와 영국풍 찻잔, 머그잔이 가득하다. 가게 주인은 잔잔한 미소와 함께 차에 관한 이야기를 막힘없이 들려주었다.

눈길을 끄는 것은 찻주전자들의 절반은 중고품이라는 것! 주인이 골동품 가게나 벼룩시장에서 구한 것으로 모양이 제각각이다. 아기 돼지, 벽난로, 집 모양 등 하나같이 사랑스럽다.

TWININGS
of LONDON
TWININGS

PHARMACIE SAINT-HONORÉ

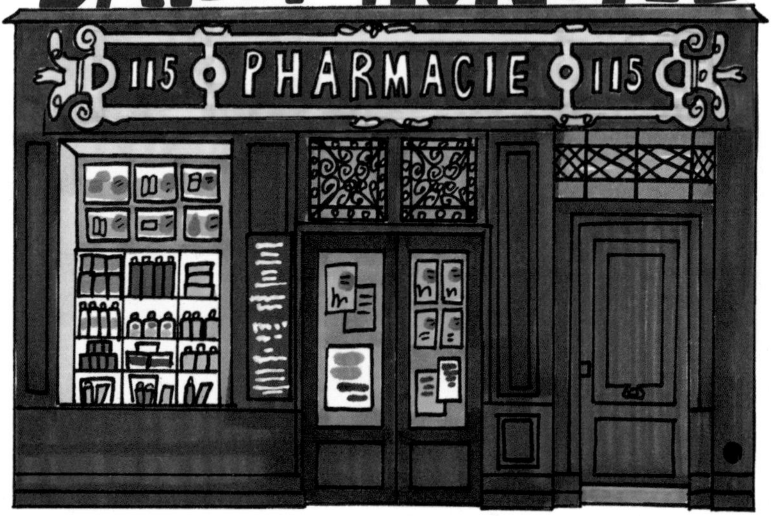

115 Rue Saint-Honoré, 75001

#44 파르마시 생토노레, 파리에서 가장 오래된 약국

파리에는 약 1,000개의 약국이 있다. 그중 생토노레는 1715년에 문을 연 가장 오래된 약국이다. 루브르 박물관과 퐁피두 센터 사이의 거리에 있는데, 첫 주인 루이 클로드 카데 드 가시쿠르는 유명한 화학자이자 과학 아카데미의 일원이었으며, 당시 많은 명문가에서 이곳을 찾았다.

오늘날 프랑스의 약국은 병원 처방약은 물론이고 일반 의약품부터 건강 기능 식품, 화장품, 향수도 취급한다. 수백 년의 역사를 갖고 있는 천연 스킨 케어 제품도 약국에서 구할 수 있다. 유용한 선물을 사기 위해 많은 파리 여행객들이 약국을 들르는 이유이다.

루이 클로드 카데 드 가시쿠르

화학자이자 재능이 넘치는 작가로서
화학에 관한 소설도 남겼다.

19세기 약사의 약상자

마리 앙투아네트가
탕플 탑에 갇혀 지낼 때
편지를 쓰기 위해 사용했던 투명 잉크가
생토노레에서 만든 것이다.

오래된 약병들

18-20 Rue Coquillière, 75001

#45 E. 드일르랑, 주방용품의 별천지

1820년에 문을 연 드일르랑은 '파리지엔의 주방'이라 불리며 오랫동안 사랑받고 있다. 파리 시내 한복판에 있는 이 작고 오래된 가게는 별천지다. 이곳에서는 당신이 떠올릴 수 있는 주방용품은 무엇이든 찾을 수 있고, 기상천외한 주방 기구들도 만날 수 있다. 창업자 유진 드일르랑은 귀족 가문의 후손으로 프랑스 대혁명이 일어난 후 철물점을 하다가 주방 기구를 팔기 시작했다.

가게 안에 있는 상품에는 가격 표시는 없고 번호만 적혀 있는데 벽에 걸린 노트를 뒤져 번호를 대조해 가격을 알아내야 한다. 200여 년을 이어온 방식인데 불편하지만 한편 재미있기도 하다.

황동 주방 기구가 주류이다.
벽 면을 가득 채운 다양한 크기의
황동 프라이팬과 냄비를 보고 있으면
주방용품 박물관에 온 듯하다.
유진 드일르랑

GAIGNARD MILLON

24 Rue Jules Vallès, 75011

#46 게냐르 미용, 고고학 연구소도 인정한 공구점

가게 입구에는 세계 각지에서 온 신기한 목공 공구들이 놓여 있다. 전통적인 평범한 공구 가게처럼 보이지만 이곳은 전통 수공예 장인들이 믿고 의지하는 마지막 보루와 같은 곳이다. 오직 목공만을 위한 공구점이 100년을 넘게 이어 왔다니 정말 놀랍다. 덕분에 낯선 과거 시대로 시간 여행을 경험할 수 있다.

부르고뉴의 한 고고학 연구소는 게냐르 미용과 협력해 펠리페 2세 시대 성의 도면을 바탕으로 13세기 공법만으로 성을 재건하는 프로젝트를 시작했다. 1997년 착공한 게들롱*Guedelon*성 재건 사업은 아직도 진행 중이다. 이밖에도 골동품 가구의 수리나 고건축물의 복원을 위해 특별한 도구가 사용되기도 하는데 게냐르 미용이라면 믿고 맡길 수 있겠다.

바스티앙 세바는 이 가게를
조부모로부터 물려받았다.
일한 지 어느덧 50년이 흘렀다.

157 Rue Saint-Honoré, 75001

#47 아 라 시베트, 파리의 최고급 담배

가게 이름은 '사향고양이'라는 뜻이다. 1716년에 코메디 프랑세즈*La Comedie Francaise* 근처에 문을 열었다. 프랑스에서 가장 오래되고 유명한 담배 전문점으로서 시대 흐름을 놓치지 않고 변화해 온 전통의 노포다. 1754년 샤르트르 공작 부인이 "파리 최고의 담배가 여기에 있다."고 말하면서 유명해졌다.

당시 이 가게 맞은편에 있는 카페 라 레장스*La Régence*에서는 체스 게임이 열리곤 했다. 이곳에서 유명 체스 선수들이 아 라 시베트의 최고급 담배를 즐기면서 체스의 자웅을 겨뤘다.

아 라 시베트는 1792년 원래 있던 자리에서 몇 블록 떨어진 곳으로 이전했고, 1854년에 지금 자리로 다시 이전했지만 가게의 명성은 변함이 없다.

1900년 이전 심볼

현재의 심볼

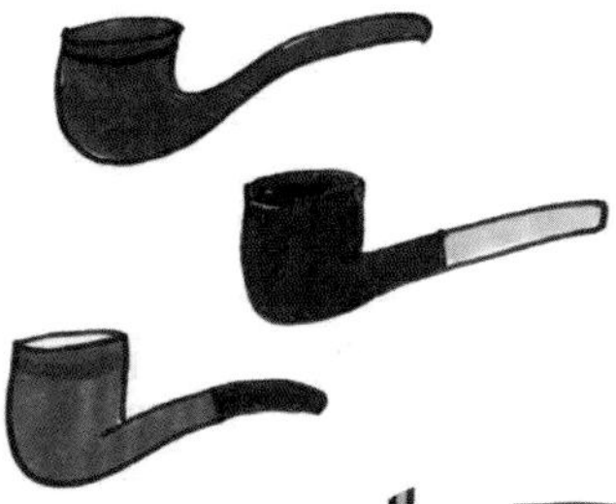

애연가에게는 천국 같은 곳이다. 지하실에 있는 아치형 공간은 시가를 보관하기에는 완벽한 곳이다. 적절한 온도와 습도가 시가의 품질을 유지해 준다.

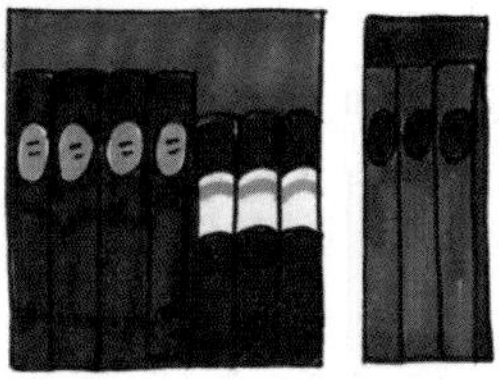

HERBORISTERIE DE LA PLACE CLICHY

87 Rue d'Amsterdam, 75008

#48 에르보리스테리 드 라 플라스 클리쉬, 전통 허브의 맥

시대가 변하면서 유럽 전역에서 전통 허브 요법을 추구하는 가게들이 점점 사라지고 있다. 주로 현지인들이 찾는 전통 허브 가게가 파리에 몇 곳 있다.

1880년에 문을 연 에르보리스테리 드 라 플라스 클리쉬는 파리에서 가장 오래된 허브 가게 중 하나로 가게에 들어서면 은은한 허브향이 반겨 준다. 다양한 허브, 아로마 오일, 식물 제제, 유기농 식품, 영양 보조제 및 천연 스킨 케어 제품을 판다. 이곳의 허브와 오일은 900여 종이 넘는데, 전통적인 허브 외에도 페루의 신비한 약초, 스페인의 백리향 오일 같은 특별한 제품도 있다.

진열대에는 다양한
허브차들이 있고,
벽 선반에는 약재를 넣은
흰 종이 꾸러미가 가득해서
오래된 한약방에
들어온 것 같다.
MAGNESIUM

8 Rue des Halles, 75001

#49 오루즈, 쥐잡기 신공의 해충 퇴치 약국

파리는 쥐마저도 끌리게 만드는 낭만적이고 매력적인 도시일까? 파리의 밤거리를 거닐다 보면 파리의 유령보다는 통통하게 살 오른 쥐를 만날 가능성이 훨씬 높다. 쥐 잡는 약 가게가 100년 넘게 성업 중인 걸 보면 파리가 얼마나 오랫동안 쥐로 골머리를 썩었을지 짐작이 간다.

1872년 문을 연 해충 전문 약국 오루즈는 파리 중심부 마레 지구에 있다. 오루즈 쇼윈도에 매달려 있는 쥐를 두려워하는 이는 애니메이션 《라따뚜이》의 주인공 생쥐 레미 만은 아닐 것이다. 행인들도 그 모습에 소름이 돋는다. 애니메이션에도 등장하는 오루즈는 예나 지금이나 달라진 것이 없다. 여전히 전통 비법으로 만든 쥐약을 팔고 있다. 빈대, 바퀴벌레, 개미 퇴치 약도 판다.

줄리앙과 세실은
가게의 4대째 경영자다.
증조부 에티엔 오루즈는
창업자이자 쥐덫 발명가다.

4 Rue de Choiseul, 75002

#50 윌트라모드, 바느질 수공예가의 천국

1832년 슈아죌*Choiseul* 거리에 모자 가게가 문을 열었다. 지금도 그렇지만 당시에도 모자는 파리 여성들에게 중요한 패션 소품이었다. 장소와 목적에 따라 다양한 색상과 스타일의 모자를 착용하고, 모자에 꽂는 깃털이나 꽃에도 매우 신경썼다. 모자는 때로는 옷과 보석보다 더 개성을 드러내는 아이템이 된다.

윌트라모드는 큰 성공을 거두고 사업을 확장해 1920년 가게를 하나 더 내고 바느질을 위한 거의 모든 제품들을 팔았다. 수예실, 단추, 리본 등이 빼곡히 들어찬 이곳은 바느질 수공예가의 천국으로 떠올랐고 언론에도 여러 차례 소개됐다. 지금도 모자 가게와 바느질용품점 두 곳은 길을 사이에 두고 마주 보고 있으며 꿋꿋이 명성을 이어 가고 있다.

노르베르 보티에

164 Av. de Suffren, 75015

파리 15구에 있는 신발 수리점. 그림을 잔뜩 그렸는데 정작 제대로 싣지 못했다. 사장님이 인터넷에서 이 그림을 보고 너무 맘에 든다고 연락을 해왔다.

도산코 라멘

40 Rue Sainte-Anne, 75002

늘 입구에 줄을 길게 서는 파리 2구
있는 일본 라멘 가게이다.

파리 11구에 있었던 레코드 가게다. 아쉽게도 지금은 문을 닫았다.

그리고 또 멋진 가게들

사샤 핀켈슈타인 - 라 부띠크 존 27 Rue des Rosiers, 75004

마레 지구에 있는 이 가게는 파리 유대인의 전통과 공예를 수호하는 곳이다. 유대인 전통 빵과 디저트 그리고 폴란드, 오스트리아, 헝가리의 전통 음식도 맛볼 수 있다.

오 쁘띠 페흐 아 슈발
30 Rue Vieille-du-Temple 75004

마레 지구에 있는
'작은 말밥굽' 이란 뜻의
레스토랑. 가게의 바가
말발굽처럼 생겼다.

라 부아숑네리 69 Rue de Seine, 75006
파리 6구에 있는 지중해 스타일의 바. 가게의 벽을 모자이크 타일로 꾸몄다. 원래 생선 가게였으며, 주인이 생선 가게라는 뜻의 푸아숑네리*Poissonnerie*를 부아숑네리*Boissonnerie*로 장난스럽게 바꾸었다.

꼼뚜아 데 슈미즈 앤 악세수아 10 Rue de Sèze, 75009

마들렌 광장 근처에 있는 양복점. 고급 원단으로 정통 슈트를 짓는다. 다양한 스타일과 색깔을 갖춘 셔츠들도 인기 품목이다.

블랑주리 머시아노 16 Rue des Rosiers, 75004

마레 지구에 있는 작은 빵집 . 프랑스식 빵과 디저트 그리고 아슈케나즈 유대인이 즐겨 먹는 빵과 커피를 맛볼 수 있다 .

아슈케나즈 유대인 : 전체 유대인의 주류를 이루는 유럽에 정착해 살아 온 유대인

클레르 드 레브 35 Rue Saint-Louis en l'Île, 75004

생루이섬에 있는 독특한 목각 인형 가게 .

책을 준비하며 예전에 그려 두었던 가게들을 정리하다가
이제는 문을 닫은 가게들의 그림을 발견했다.
아쉬운 마음에 기록으로 남긴다.

1896년에 문을 열어 100년을 넘긴 올리브유 가게. 이 책이 나올 즈음에 잠시 영업을 중단한 상태였다. 다시 오픈하길…….

파리 1구에 있던 필름 현상 가게

모자 공장에서 사용하던 편액 *건물 입구 처마 아래에 거는 액자*을 입구에 걸었던 독특한 서점 . 마레 지구 .

현재 휴업 중인 요거트 가게 .

Mmmozza
MAGE VIN EPICERIE
CHEESE
VACUUM
PACK

**파리에는 이 책에 소개된 가게들
말고도 발견되길 기다리는
예쁜 가게들이 정말 많다.**

파리의 백년 가게들은 파리지엔을 닮았다. 가게들이 하나같이 특색 있고 개성이 넘친다. 알록달록한 색으로 매장을 꾸미고 흔치 않은 스타일의 인테리어를 추구하고 100년 전 모습을 유지하기도 한다. 이러한 모든 것은 가게 주인의 생각과 태도가 드러난 결과다. 여행객이든 파리에 사는 사람이든 누구나 파리의 백년 가게에서 맛있는 음식을 즐기고, 선물을 사고, 문화를 경험하면서 파리만의 감성을 계속계속 느낄 수 있으면 좋겠다.

매력적인 도시 파리의 백년 가게들을 나의 일러스트레이션으로 소개할 수 있어서 정말 기쁘다. 출판사와 기획에 참여해 주신 모든 분께 감사드리며 이 책을 읽는 독자들, 항상 응원과 격려를 보내 주신 네티즌들께 감사를 표한다.

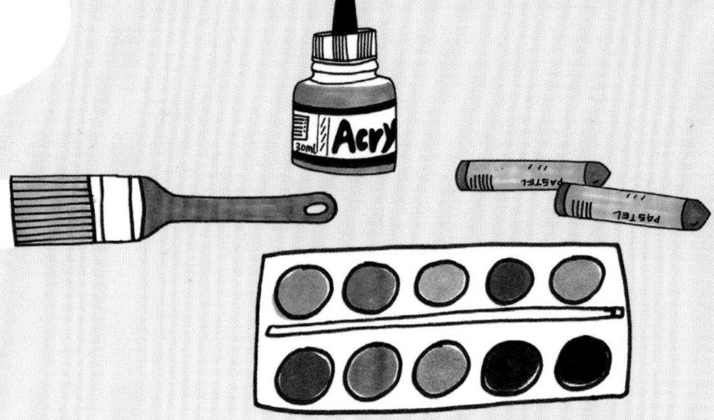

지은이 **쑨이멍**

중국 미술 학원을 마치고 프랑스로 건너가 파리 고등 응용 예술 대학에서 공부했다. 현재 파리에 살면서 일상에 활력과 에너지를 불어넣는 일러스트레이션 작업을 하며 지낸다. 그녀의 작품은 프랑스의 낭만이 넘치고 섬세한 표현과 순수한 요소가 절묘하게 조화를 이루고 있다는 평을 받는다. 르 몽드, 르 피가로, HAO, MILK 등에 삽화를 그렸고 시트로엥, 갤러리 라파예트, 닛산 등 여러 브랜드와 협업했다. 2017년 파리 아시아 나우 페어, 연합전시회 *HEAT*, 2018년 듀엣 전시회 *AILLEURS*에 참여했고 2019년 상하이에서 개인전 *Marché Grenelle*을 가졌다. 2020년에 중국, 유럽 일러스트레이션 작가 연합전시회에 작품을 전시했으며, Hiii Illustration 국제 일러스트레이션 공모전에서 <La vie>로 우수상을 수상했다. 2022년 중국 우한에서 개인전 《파리에서 매일 매일》을 열면서 동명의 에세이를 출간했다. 이밖에 아동서 《박물관에 가다》에 그림을 그렸다.

인스타그램 @sunyimeng7

옮긴이 **박지민**

대학에서 역사를 전공했다. 벙어리와 문맹으로 시작한 중국 유학에서 중국 노래의 가사를 옮기고, 대학원 전공서보다 중국 문학을 읽으며 중국어의 매력에 빠져 번역가가 되었다. 오래도록 좋은 중국책을 찾아 소개하고 옮기고, 글을 쓰는 삶을 꿈꾼다. 옮긴 책으로는 《첫 타이베이》, 《나와 디탄》, 《앙코르 인문기행》, 《그 산, 그 사람, 그 개》, 《딜라와 문스톤 원정대》, 《행복한 의자나무》 등 80여 종이 있고, 쓴 책으로는 《중국의 자연유산》, 《중국서남부》 등이 있다.

16 RUE DES ROSIERS . 75004 PARIS

83 RUE VIEILLE DU TEMPLE . 75003 PARIS .

8 RUE SAINT CLAUDE 7500

35 RUE SAINT-LOUIS EN L'ÎLE 750

12 RUE MORET. 75011 PARIS

처음 펴낸 날 2024년 6월 20일

글·그림 쑨이멍 | 옮김 박지민
펴낸이 김상일 | 펴낸곳 도서출판 키다리(빅허그)
편집 김상일 | 디자인 유보경 | 마케팅 백민열, 장현아 | 관리 김영숙
출판등록 제2023-000088호
주소 경기도 파주시 심학산로10 | 전화 031-955-9860 | 팩스 031-624-1601
이메일 kidari@kidaribook.kr | 홈페이지 www.kidaribook.kr
인스타그램 @kidaribook | 블로그 blog.naver.com/kidaribook
ISBN 979-11-987698-0-0 (13920)

빅허그는 도서출판 키다리가 만드는 성인 단행본 브랜드입니다.

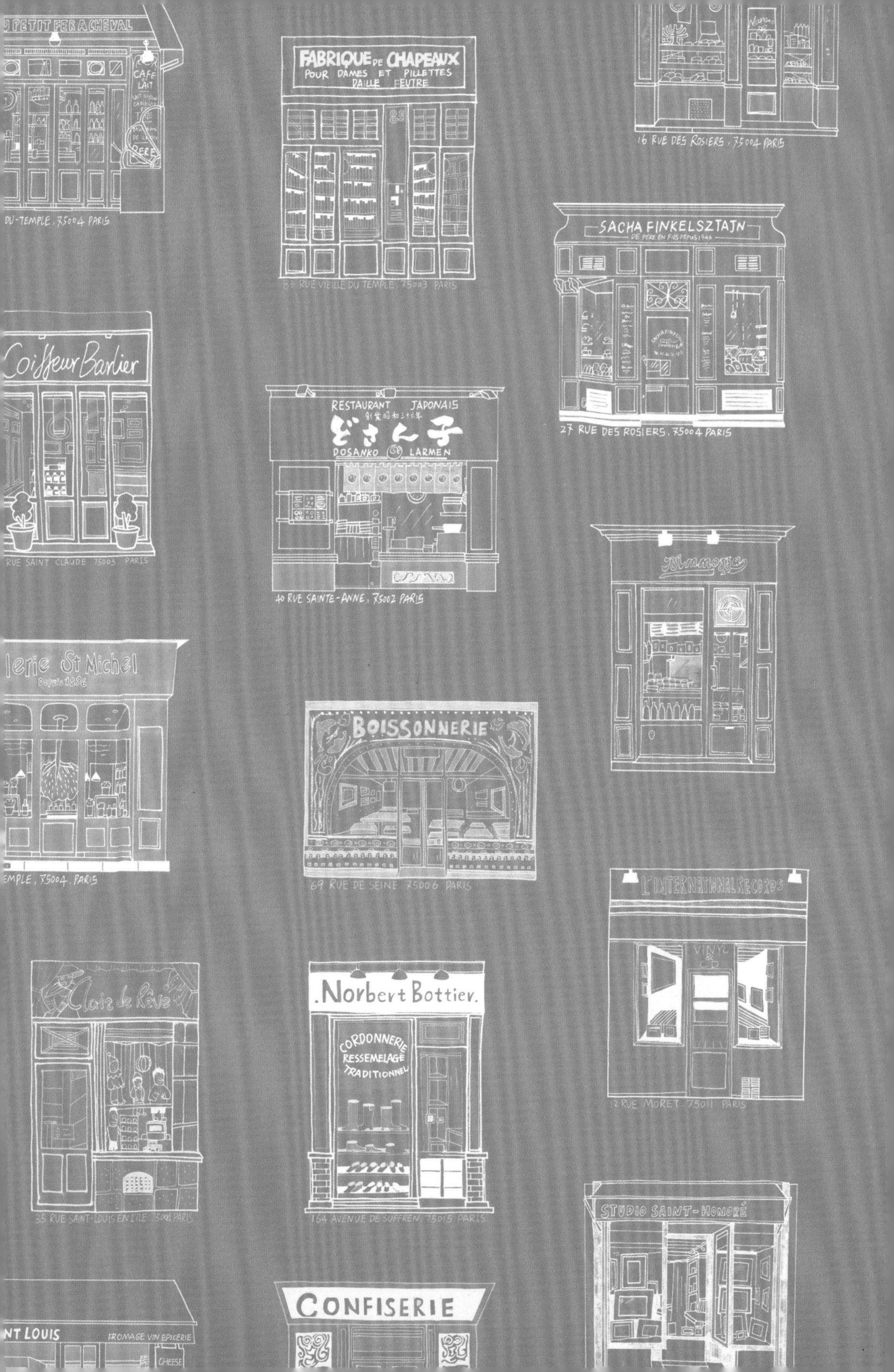

U PETIT FER A CHEVAL
CAFE LAIT
DU-TEMPLE, 75004 PARIS
FABRIQUE DE CHAPEAUX
83 RUE VIEILLE DU TEMPLE, 75003 PARIS
16 RUE DES ROSIERS, 75004 PARIS
SACHA FINKELSZTAJN
DE PERE EN FILS DEPUIS 1946
27 RUE DES ROSIERS, 75004 PARIS
Coiffeur Barbier
RUE SAINT CLAUDE 75003 PARIS
RESTAURANT JAPONAIS
どさん子
DOSANKO LARMEN
40 RUE SAINTE-ANNE, 75002 PARIS
lerie St Michel
Depuis 1896
EMPLE, 75004 PARIS
BOISSONNERIE
69 RUE DE SEINE 75006 PARIS
L'INTERNATIONAL RECORDS
VINYL
12 RUE MORET 75011 PARIS
Clair de Rêve
35 RUE SAINT-LOUIS EN L'ILE 75004 PARIS
.Norbert Bottier.
CORDONNERIE
RESSEMELAGE
TRADITIONNEL
164 AVENUE DE SUFFREN, 75015 PARIS
STUDIO SAINT-HONORÉ
NT LOUIS
FROMAGE VIN EPICERIE
CHEESE
CONFISERIE